INVENTAIRE
V 31042

FERRET - 1972

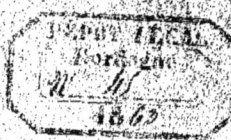

DE L'ORIGINE
ET DE
L'ENFANCE DES ARTS
EN PÉRIGORD
OU
DE L'AGE DE LA PIERRE DANS CETTE PROVINCE
AVANT LA DÉCOUVERTE DES MÉTAUX

Par M. l'abbé AUDIERNE

Chevalier de l'Éperon d'or et de la Légion-d'Honneur, Inspecteur des Monuments historiques du département de la Dordogne, Correspondant de Son Exc. le Ministre d'Etat, Membre des Sociétés des Arts et des Sciences de Carcassonne, des Sciences industrielles, Arts et Belles-Lettres de Paris, de l'Institut historique de France, de l'Institut d'Afrique, de la Société Archéologique et Historique de la Charente, de l'Académie de l'Enseignement, de la Société Archéologique de Saintes, de la Société des Antiquaires de Normandie, Membre de la Société d'Agriculture, Sciences et Arts de la Dordogne, etc., etc.

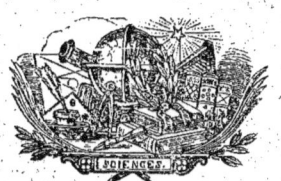

PÉRIGUEUX
IMPRIMERIE DUPONT ET Cⁿ, RUE TAILLEFER.

1863.

DE L'ORIGINE

ET

DE L'ENFANCE DES ARTS

EN PÉRIGORD.

DE L'ORIGINE
ET DE
L'ENFANCE DES ARTS
EN PÉRIGORD
OU
DE L'AGE DE LA PIERRE DANS CETTE PROVINCE
AVANT LA DÉCOUVERTE DES MÉTAUX

Par M. l'abbé AUDIERNE

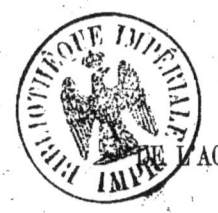

Chevalier de l'Éperon d'or et de la Légion-d'Honneur, Inspecteur des Monuments historiques du département de la Dordogne, Correspondant de Son Exc. le Ministre d'Etat, Membre des Sociétés des Arts et des Sciences de Carcassonne, des Sciences industrielles, Arts et Belles-Lettres de Paris, de l'Institut historique de France, de l'Institut d'Afrique, de la Société Archéologique et Historique de la Charente, de l'Académie de l'Enseignement, de la Société Archéologique de Saintes, de la Société des Antiquaires de Normandie, Membre de la Société d'Agriculture, Sciences et Arts de la Dordogne, etc., etc.

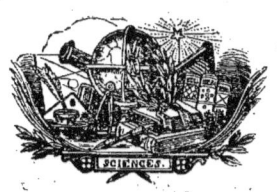

PÉRIGUEUX
IMPRIMERIE DUPONT ET Ce, RUE TAILLEFER.

1863

AVANT-PROPOS.

Cette brochure complète mes travaux historiques sur la province du Périgord. J'avais déjà effleuré le sujet qu'elle traite dans diverses publications ; mais, ébauché seulement, il fallait l'embrasser dans son ensemble et le finir. C'est ce que j'ai voulu faire. Décrivant le Périgord avant les temps historiques, j'avais fait connaître sa position topographique, sa constitution géologique et ses richesses minéralogiques. Abordant les temps historiques, j'avais jeté un aperçu sur l'origine de ses habitants, l'époque présumée de leur arrivée, sur leurs premières armes et leurs instruments en silex, sur leurs habitations monolithes et sur Vésune, leur métropole. M'arrêtant à cette ville comme centre de civilisation, j'avais traité la question du druidisme, religion des Pétrucoriens avant l'invasion romaine ; et arrivé à la conquête, j'avais décrit tous les monuments érigés par les Vésuniens et signalé l'époque de l'établissement du christianisme, cette grande et sainte métamorphose de l'esprit et du cœur humains. Parcourant, sous le double rapport archéologique et religieux, toutes les phases historiques du Périgord, j'avais montré cette province envahie par les barbares et conquise par les Francs; saccagée par les Sarrasins, désolée par les Normands, soumise à des comtes dans le moyen-âge; décrit tous les monuments de cette longue période, ceux de la renaissance jusqu'en 1789; et, arrivé à cette effroyable ligne, tracée en traits de sang, forcé de rompre avec le passé, j'avais signalé l'organisation nouvelle, toutes les institutions et éléments qui la composent et tous les monuments modernes créés en Périgord sous son empire.

Mais l'origine et l'enfance des arts, ou l'âge de la pierre dans cette province, restaient à développer. C'est cette tâche que je viens remplir aujourd'hui. A l'aide de ce travail, de mes publications antérieures et de celles de plusieurs autres écrivains dont j'honore le mérite, notre pays ne saurait être étranger à lui-même.

DE L'ORIGINE & DE L'ENFANCE

DES

ARTS EN PÉRIGORD

OU

DE L'AGE DE LA PIERRE DANS CETTE PROVINCE
AVANT LA DÉCOUVERTE DES MÉTAUX.

DE L'ORIGINE DES ARTS EN PÉRIGORD.

I

Tous les arts ont une origine commune, qu'il faut chercher dans les besoins de l'homme. A toutes les époques et partout, les hommes ne se sont rendus industrieux que poussés par ce qui tient à leur félicité, qui touche à leurs intérêts, peut procurer leur conservation et assurer leur repos, au risque même de se montrer cruels pour atteindre ce but.

II

De toutes les inventions, celle des armes fut la première. La construction de la chaumière, la culture des champs, la recherche et l'emploi des outils aratoires, la confection des vêtements, tout cela n'est venu qu'après. Les grottes furent les premières habitations; des feuilles, des herbes sèches, furent le premier lit; les produits naturels et spontanés de la terre furent la première nourriture, et la peau du mouton, de l'ours ou de tout autre animal, qu'on ne pouvait se procurer encore qu'à l'aide d'une arme, fut le premier vêtement solide.

III

Ce début ferait croire que l'homme fut créé ignorant et barbare. Ce serait une erreur qui répugne même à la raison : Dieu vaut bien le premier père venu ! Mais la foi dit davantage. L'homme sortit des mains de son auteur dans un état de nature et d'intelligence tel que le comportait l'idée d'une créature raisonnable. Il avait son libre arbitre : il connaissait son origine, savait sa destinée, celle de tous les êtres qui l'entouraient, possédait la faculté d'apprendre avec le désir de s'instruire, et vivait sans préoccupation, sans sollicitude et sans chagrins. Voilà l'homme que Dieu créa en le formant à son image, et qu'il instruisit par ses entretiens. Mais son existence heureuse et calme ayant été troublée par un acte de rébellion, la disgrâce qui s'ensuivit altéra ses facultés primitives, et la lumière de son intelligence s'obscurcit tellement, qu'il finit par oublier l'auteur même de son être et voir s'amoindrir considérablement en lui-même la notion du juste et de l'injuste.

Telle fut la cause de son changement d'état, impossible à expliquer, sans cette circonstance, parce qu'il répugne à la raison d'admettre qu'un Dieu souverainement sage et infiniment bon eût pu créer l'homme malheureux et méchant, comme pour se donner le plaisir de le voir souffrir et faire le mal. Aussi, l'idée d'une déchéance humaine a-t-elle été universelle et constante chez tous les peuples, et les philosophes eux-mêmes, qui ne se piquaient pas toujours de consulter les traditions, ont partagé cette croyance. Platon disait qu'il ne comprendrait jamais que ce qui est mauvais et déréglé dans l'homme, fût l'ouvrage du créateur.

Destiné à une vie qui ne lui imposait ni privations, ni souffrances, l'homme n'avait point à rechercher les moyens de se rendre heureux; mais, après sa chute, surgirent pour lui les besoins, et, avec eux, naquit forcément l'industrie. En révolte avec son Dieu, tous les êtres de la création, les éléments mêmes se montrèrent hostiles ou rebelles envers lui. Désarmé contre eux et le plus faible, il dut alors songer à se prémunir contre les dangers qui le menaçaient et les nécessités qui l'assiégeaient de toutes parts.

C'est dans cette phase nouvelle de son existence, au plus fort de son ignorance et de son abrutissement, que nous l'avons pris pour pouvoir arriver jusqu'à l'origine des arts. Je ne généraliserai point cette étude : je la restreins au Périgord, parce que je me suis occupé plus spécialement de cette province. D'ailleurs, il n'est pas douteux que l'origine des arts, dans ces temps reculés, n'ait été partout à peu près la même.

IV

A juger de l'industrie à cette époque primitive, dans le département de la Dordogne, par ses produits barbares, il est certain qu'elle doit remonter aux premiers habitants de cette contrée. La découverte qu'on vient de faire à Saint-Acheul, près d'Amiens, d'un grand nombre de haches ou dards en silex, d'une ressemblance parfaite avec les nôtres, nous ferait croire aussi à la contemporanéïté d'hommes de caractère et de mœurs identiques. Dès-lors, nos silex travaillés et ceux de

Saint-Acheul étant semblables, nous pourrions en conclure que l'origine des arts fut dans cette contrée la même que dans la nôtre et qu'elle eut pour auteurs des hommes aussi ignorants et aussi grossiers. Mais si le travail et la nature de ces silex sont les mêmes, les conditions de leur découverte sont différentes. Les silex de Saint-Acheul ont été trouvés dans un terrain quaternaire intact, et ceux du Périgord sont trouvés à la surface du sol, indistinctement dans les vallées, sur le versant des coteaux et sur les plateaux les plus élevés. Les uns seraient donc antédiluviens et les autres post-diluviens, puisque l'on ne peut nier l'universalité du grand cataclysme.

Notre honorable ami M. Delanoüe a publié récemment une lettre adressée à Son Exc. le ministre de l'instruction publique et des cultes sur la découverte de Saint-Acheul, dans laquelle il prouve que ces silex travaillés sont réellement antérieurs au déluge. Si le doute sur ce point n'est pas possible, nous en conclurons que les hommes d'avant le déluge n'étaient pas plus habiles artistes que ceux qui vinrent après, et que la même ignorance continua à obscurcir leur intelligence, pendant au moins plusieurs siècles, dans la majeure partie du monde. Le Périgord en est la preuve dans le sujet qui nous intéresse, puisque nous devons croire qu'il ne fut habité qu'après le déluge, comme nous le verrons.

L'ignorance, dans ces hommes de la vie nomade, fruit de leur déchéance morale, les plongea dans la barbarie, et, ignorants et barbares, ils devinrent égoïstes et méchants. Par le besoin de se tenir en garde les uns contre les autres, ils se firent des armes pour pouvoir plus sûrement assouvir leur haine, venger des outrages, soutenir des combats, satisfaire leur convoitise et chercher à assurer leur repos. Telle fut l'origine de ces flèches, de ces traits, de ces dards, de ces javelots, de ces haches, de ces pierres de fronde en silex que nous retrouvons en grand nombre, et de l'invention de l'arc, de l'arbalète dont se servaient aussi pour la chasse ces hommes primitifs, tant pour se défendre contre les animaux qui leur étaient hostiles, que pour se procurer ceux qui leur étaient indispensables.

Il est certain que toutes ces armes furent faites en Périgord. Les nombreux débris de silex, parmi lesquels se trouvent quelques armes entières et beaucoup de leurs fragments, remarquées dans plusieurs localités, ne permettent pas d'en douter.

V

L'homme, en tout temps, n'a guère cherché que ses propres intérêts et son bien-être. Rarement il se sépare de ce *moi*, le mobile le plus puissant des actions humaines, dans les plus grandes choses comme dans les plus petites. C'est à ce levier personnel qu'il faut faire remonter toutes les inventions, quelque minimes qu'elles soient ; et si leur perfectionnement ne tient pas toujours à cette même cause, la science ou le hasard tournent ordinairement au profit de la vanité, de la cupidité ou de la gloire.

L'homme s'assied d'abord sur une pierre, sur le gazon, s'y trouve naturellement très mal à l'aise, cherche un siége moins incommode, invente le banc, puis la chaise, et c'est ainsi qu'on est arrivé au fauteuil, au sofa, toujours par le même sentiment, celui du bien-être. Il trouve gênant de tenir constamment dans sa main les aliments pour son repas ; il est forcé de les poser par terre, sur quelques feuilles d'arbre, sur une motte de gazon : voulant étancher sa soif, il boit dans le creux de la main ; mais, rencontrant une coquille concave, une pierre creuse, il s'en sert, et, réfléchissant qu'il peut imiter ces objets, en les rendant plus commodes, il prend de l'argile qu'il a remarquée susceptible de recevoir les formes qu'on veut lui donner, avec la propriété de durcir au soleil ou au feu, et fabrique, pour son usage, les ustensiles de première nécessité. L'art de la céramique, qui devait produire les plus beaux chefs-d'œuvre, ne peut se flatter d'avoir ni une autre origine ni un mobile différent.

Ces tessons de poterie grossière, desséchée au soleil, que nous trouvons en grand nombre dans les lieux où l'on rencontre des silex travaillés et qu'une couleur noire et grisâtre caractérise particulièrement, faisaient partie de ces vases et ustensiles inventés par la nécessité et l'amour d'un bien-être relatif.

C'est donc dans de telles découvertes, commandées par le besoin, et dans ces espèces d'ateliers dressés en plein air, où furent ébauchées les premières armes en silex, qu'il faut placer en Périgord l'origine des arts.

DE L'ENFANCE DES ARTS EN PÉRIGORD.

I

L'enfance des arts suppose un commencement, et ce commencement, se rattachant essentiellement à l'homme, doit être plus ou moins éloigné, suivant que l'homme, son principe ou son créateur, est lui-même plus ou moins ancien.

Cette vérité, absolue en principe, devient néanmoins relative, eu égard à l'étendue des continents, à l'immensité du globe et surtout au degré d'intelligence des hommes qui s'y établirent successivement et les peuplèrent. Où fut donc le berceau de l'homme et à quelle époque remonte-t-il? Là est le point de départ. Ces deux questions étroitement liées ensemble, abandonnées aux seules forces de l'esprit humain, sont insolubles. Les plus grands philosophes, les plus beaux génies de l'antiquité ne purent en venir à bout, et, assurément, de nos jours, malgré les plus étonnantes conceptions du siècle, elles resteraient sans solution, si Moïse ne nous eût révélé la création du monde avec l'ordre de formation successive des êtres qui la constituent.

Sans me préoccuper des divers systèmes philosophiques qui ont combattu le récit biblique, ou des constatations géologiques qui le confirment, je m'en tiendrai aux révélations que nous transmet le grand législateur des Hébreux, pour pouvoir arriver, de ce point connu, à l'enfance des arts en Périgord.

II

A n'en juger que par les seuls monuments existants, sans excepter même les objets d'art nouvellement exhumés des ruines de Ninive, la jeunesse et la nouveauté du monde organisé et vivant paraissent peu contestables. L'univers, tel qu'il est, ne présente point de titres qui nous forcent de remonter au-delà de sept ou huit mille ans, et la civilisation de l'Inde, avec toutes ses prétentions, ne montre rien qui ne se circonscrive aisément dans cet espace.

Rome, maîtresse du monde, était partie d'origines bien petites, et avait fait, en six ou sept siècles (à l'aide des forces qu'elle rencontra sur sa route), des prodiges. Sous son empire, l'esprit humain était presque arrivé à l'apogée de la perfection, et trois ou quatre siècles suffirent pour replonger ce même monde, sous le rapport des arts, dans une sorte d'enfance où tout s'abîmait rapidement. Ce qui advint à la Grèce et à l'Italie était déjà arrivé à l'Egypte, à l'Asie, et, pour de si étonnantes transformations, quelques siècles suffirent. En Europe, les progrès scientifiques et artistiques faits depuis trois quarts de siècle à peine, ne tiennent-ils pas du merveilleux ? Ainsi, ces intermittences de civilisation et de barbarie, ne préjugent rien contre la nouveauté du monde, parce que huit mille ans font une assez large place pour s'agiter, lutter péniblement, grandir, décroître et s'éteindre. Nous pouvons donc bien considérer le monde comme ne remontant pas à une très haute antiquité. L'homme a beau être le complément, le roi de la création, songeons qu'il est déchu d'une bonne partie de ses prérogatives par un déclin voisin de son origine; c'est à partir de cette déchéance qu'apparaît à nos yeux, pour la première fois, la nécessité de l'industrie, lente d'abord, qui reprend quasi tout à nouveau, loin des grands centres, et que va commencer, pour le genre humain presque entier, l'enfance des arts.

III

En admettant, en effet, que l'homme déchu eût conservé assez d'intelligence pour produire de grands travaux, d'abord, dans les contrées où il reçut le jour, et que, poussé par cette soif et ce désir insatiable de savoir et de connaître qui le domine généralement lorsqu'il n'est pas réduit à satisfaire les besoins les plus matériels ; que, conservant un certain souvenir de sa première grandeur, il ait tenté de nobles efforts pour se rapprocher de sa position primitive, de même qu'après plusieurs siècles, il a fait faire ailleurs, aux sciences et aux arts, d'immenses progrès, il n'en resterait pas moins vrai que ces premières œuvres, si grandes qu'elles fussent, devaient se ressentir de tâtonnements inévitables ; car l'industrie et l'enfance des arts commençaient alors pour lui, puisqu'avant sa déchéance, sans besoins, il était nécessairement sans idées industrielles.

Mais à mesure qu'il s'éloigne de son berceau et se divise en petits groupes plus ou moins abrutis par un ciel inclément, il arrive bientôt à l'état de mendiant farouche, dominé par les nécessités les plus impérieuses de chaque jour. Le souvenir de son heureuse origine s'efface peu à peu. D'homme fait, il devient presque enfant (si ce n'est enfant dépravé) ; à la longue, son intelligence, déjà fort restreinte par l'isolement, décroît encore dans une séquestration que le besoin envahit constamment, et finit presque par ne devenir qu'instinctive. Quelle distance, en effet, entre ces hommes qui bâtissent la tour de Babel et ces autres hommes qui, en Périgord, ébauchent des haches, des armes, des instruments en silex et se logent dans des grottes ! Les hommes de l'Orient, réunis en sociétés considérables après le déluge, sous un climat favorisé, furent donc bien supérieurs à ces émigrants besogneux, jetés sur les côtes occidentales après des voyages où la tribu s'était à peine constituée. Je penserais volontiers que la tribu s'y était plutôt dissoute et réduite à la famille, qui probablement se séparait dès que chacun pouvait se suffire, à la manière des animaux.

Mais le Périgord fut-il habité avant le déluge, et ses habitants auraient-ils été ensevelis sous les eaux avec les produits de leur industrie ? Nous ne le pensons pas, et les faits semblent nous donner raison.

Le Périgord est très accidenté, très montueux : les mouvements de terrains y sont très prononcés, les monts très escarpés, les vallées très profondes, et cependant les diverses assises de ce terrain si tourmenté, mises à découvert et faciles à explorer, n'ont laissé apercevoir nulle part les moindres vestiges de travail humain. On y remarque, sans doute, beaucoup de silex rangés par lignes horizontales ; mais cette disposition est l'œuvre de la nature et nullement celle de l'homme. On pourrait absolument dire que les silex antédiluviens, ne témoignant que d'un travail grossier, n'ont pas été distingués des produits naturels : ce serait une erreur. L'attention sur l'existence des haches ébauchées et polies, des flèches, des armes et outils en silex recueillis en grand nombre à la surface du sol, est éveillée en Périgord depuis bientôt un demi-siècle. Il n'est pas un laboureur, un terrassier, un ouvrier quelconque, qui n'ait entendu parler de silex travaillés et à qui la recommandation n'ait été faite et renouvelée plusieurs fois de recueillir tous ceux qu'il trouverait. M. Jouannet, mon ancien professeur et ami, correspondant de l'académie des inscriptions et belles-lettres, signalait déjà, en 1817, ces outils grossiers, et, depuis cette époque, les hommes qui se sont occupés sérieusement d'études archéologiques dans cette province, ont continué les mêmes recherches. Si donc, malgré cette active et constante vigilance, aucun silex offrant quelque trace de travail de main d'homme n'a été retiré des couches inférieures du sol, souvent attaquées (mais tout récemment surtout par les travaux du chemin de fer), ne devons-nous pas en conclure que notre contrée était inhabitée avant le déluge, puisque la seule preuve qui pourrait établir le contraire n'existe pas ?

IV

Mais si les preuves nous manquent dans les terrains quaternaires pour justifier l'existence de l'homme antédiluvien en Périgord, en revanche, elles abondent à la surface du sol pour constater que cette contrée ne fut réellement occupée qu'après le déluge. En effet, les haches ébauchées et polies, les traits, les dards, les javelots, les flèches, les pierres de fronde et les couteaux en silex, s'y trouvent en grande quantité, et plus particulièrement sur les hauteurs. D'une ressemblance parfaite avec les haches ébauchées ou dards de Saint-Acheul que j'ai pu comparer avec ceux qu'on voit dans le musée de Cluny, je pourrais les dire, comme ceux-ci, antédiluviens, si leur présence sur les plateaux les plus élevés ne s'y opposait, à moins cependant de nier l'universalité du grand cataclysme ou de rejeter leur authenticité antédiluvienne.

Mais n'ayant point à m'occuper de cette alternative, ou que les silex de Saint-Acheul ne sont pas antédiluviens, ou que le déluge ne fut pas universel, j'en déduirai du moins ces conséquences : que ces silex, constatant, par leur similitude, un grand rapprochement entre les ouvriers de Saint-Acheul et ceux du Périgord, les hommes qui travaillèrent les nôtres durent probablement être les premiers habitants du Périgord : que ces hommes, en y arrivant, n'y importèrent pas l'usage des métaux dont on ne trouve aucune trace dans leurs demeures primitives : que leurs premières armes et leurs premiers outils ne furent que des silex, et que les ayant travaillés dans la contrée même, ils y donnèrent naissance aux arts, et que, dès lors, l'âge de la pierre, qui a pu ne pas exister dans d'autres provinces, a réellement existé en Périgord.

V

De tous les silex travaillés et disséminés sur la surface du sol, ceux qu'on rencontre le plus souvent et avec certaines particularités que nous signalerons, dans les grottes saines, spacieuses, élevées et bien orientées, sont les traits, les dards, les javelots et les couteaux. La plupart de ces grottes offrent des restes de fortifications, et leur abord, d'un accès difficile, est jonché d'armes ou de débris de silex, semblables à ceux qu'elles renferment : deux circonstances qui prouvent, ce me semble, qu'elles furent certainement habitées et à une époque très reculée.

Le Périgord, pourvu de nombreux cours d'eau, possède beaucoup de grottes. Les plus belles dominent les vallées de la Vézère, de l'Isle, de la Drône, de la Dordogne et des ruisseaux du Céoü et du Codoü. Toutes ces grottes, dont l'ouverture fait face au levant ou au midi, renferment plus ou moins de silex travaillés; mais il en est trois surtout où ces silex abondent et dans des conditions qu'il importe de faire connaître.

Ces grottes sont : *Badegoule*, la combe *Granal* (et non pas *Grenan*, comme on l'a imprimé quelque part) et le *Pey-de-l'Azé*.

Badegoule est située dans la commune de Beauregard, près de la verrerie du Lardin, non loin de l'exploitation des houilles de ce nom, dans la vallée de la Vézère, sur la route de Périgueux à Lyon et dans le voisinage de Condat, station du chemin de fer de Périgueux à Brive.

La grotte *Granal* se trouve dans la commune de Domme, à cinq cents mètres de la Dordogne, et à sept cents mètres de cette ville, au nord-est, sur le versant *est* d'un rocher appelé le Roc-Pélissié et au sommet d'un coteau dont la dénomination est *Grëil*. Elle est située à gauche du chemin qui conduit de Domme à la forêt de *Drouilh* et de la nouvelle route qui, parcourant la plaine en face de Vitrac, conduit également à Domme.

Le *Pey-de-l'Azé* est dans la commune de Lacaneda, sur la vallée de Sarlat à Carsac. Elle n'est éloignée de la ville de Sarlat que de quatre kilomètres, et la même distance, à peu près, la sépare de la Dordogne.

La première est ouverte au sud, et l'on y arrive par un escarpement très brusque. Elle était jadis plus vaste, mais des éboulements successifs en ont diminué l'étendue. La nature de sa pierre est un calcaire caverneux, reposant sur des sables et sur les grès supérieurs du terrain houiller. Son entrée est évasée et sa hauteur, du sol à la voûte, est de deux mètres vingt-cinq centimètres, sur une profondeur de cinq mètres; un bloc de rocher, placé en avant, lui sert comme de seuil.

La seconde fait face au sud-est. L'ouverture de son entrée est de dix mètres de largeur sur trois de hauteur, du sol à la voûte. Sa profondeur est de sept mètres, et sa voûte va en s'inclinant vers le fond, où sont deux excavations peu profondes et se dirigeant l'une vers le nord et l'autre vers le sud-est. On remarque, en avant de l'entrée, des restes de murs solidement faits.

La troisième, plus vaste que les deux autres, regarde le sud et s'étend dans la direction du nord-est. La hauteur de son entrée, du sol à la voûte, est de trois mètres cinquante centimètres, sur une largeur de dix mètres. La hauteur intérieure de cette grotte est de deux mètres dans le milieu et de quatre-vingt-dix centimètres seulement à son extrémité. Sa largeur intérieure est de dix mètres sur trente et un de profondeur. Elle a une issue sur le plateau opposé à son entrée ; mais on ne peut y arriver qu'en rampant l'espace au moins de cinquante mètres. D'énormes blocs de rocher, placés à l'entrée de cette grotte, en forme de parapet, la protégent et l'assainissent. On remarque, horizontalement à cette même entrée et le long des rochers qui, dans toute l'étendue de la vallée, couronnent le sommet d'une rampe escarpée, un rang de grosses pierres symétriquement disposées en amphithéâtre. Ces pierres faisaient partie des fortifications de la grotte et pouvaient servir aussi de siéges de repos.

Ce ne sont pas là, cependant, les seules particularités qui distinguent ces grottes. Il en est une qui leur est commune à toutes, et dont la singularité excite bien plus vivement encore notre curiosité. C'est un amas de charbons, d'ossements, de cendres et de silex mêlés ensemble, formant un ciment qui remplit les cavités et les fissures de leur pourtour.

Pourquoi ce mélange uniforme dans les trois grottes ? N'eut-il pour but que l'assainissement ? Ce n'est pas probable. Fut-il fait pour boucher des issues à des animaux incommodes ? Je ne le pense pas. Enfin, l'idée qui y présida, car il y en eut une, fut-elle religieuse, industrielle, superstitieuse ? Examinons ! Cet amas de charbons, de cendres, d'ossements, de silex, fut peut-être le résultat de repas funéraires ? Les repas après les funérailles ont été pratiqués, sans doute, dès les temps les plus reculés, et certaines contrées en ont encore retenu l'usage; mais je ne vois, dans cet amas étrange, rien de commun avec cet usage, à moins que ces repas ne fussent aussi une offrande où étaient sacrifiées à la fois la victime et l'arme qui l'avait abattue : ce qui me paraît peu probable. Ainsi, l'idée n'était pas religieuse.

Mais ces hommes primitifs auraient-ils chauffé leurs silex, espérant, à l'aide de certaines combinaisons, les rendre plus faciles à travailler? Ces dépôts ne devraient alors contenir que des silex bruts, entiers ou brisés, et nullement des armes toutes faites.

Brûlaient-ils les restes de leurs repas avec les débris des animaux tués à la chasse ou pris dans le troupeau, parce que, n'ayant pas l'idée de les enfouir, ils y suppléaient par ce moyen, en y joignant aussi, peut-être, l'arme meurtrière pour ne plus s'en servir et ne pas tenter deux fois la fortune? C'est possible; mais cette dernière pensée serait bien opposée à celle des chasseurs de nos jours, qui recueillent, au contraire, avec empressement, les grains de plomb qui ont abattu leur gibier, voulant s'en servir encore pour obtenir le même succès.

Mais voilà bien des conjectures, et ce ne sont pas là les seules qu'on pourrait faire. Dans leur nombre, où est la vérité? Je ne l'y trouve pas. Alors, renonçant à mes conjectures personnelles, je vais tout bonnement m'adresser à l'un de ces antiques troglodites pour lui demander l'explication de cet amas d'ossements, de cendres et de silex, devant lequel échouent toutes nos combinaisons. Qu'on me permette cette fiction! Ecoutons la réponse : ce qui vous étonne est la chose la plus simple du monde. Mais les savants veulent donner de l'esprit à tout le monde, et cherchent ainsi trop souvent midi à quatorze heures. Nous faisions rôtir les viandes de nos repas dans nos grottes, nous y fabriquions nos armes, nos outils, et, comme nous n'enfouissions ni les animaux ni leurs débris, nous brûlions leurs restes, et l'on rassemblait le tout pour éviter l'encombrement. De là cet amas qui vous étonne, qui n'était que nos balayures, que vos domestiques mettent malgré vous derrière les portes et que nous utilisions, nous, à boucher les cavités de nos grottes et à régulariser leur pourtour. Si cette réponse était sérieuse, comme pourrait le faire croire ce fait singulier, consistant dans une couche d'ossements déposée au pied de l'escarpement de la grotte de Badegoule, sur une longueur de près de trente mètres, et n'offrant ni charbons, ni cendres, ni silex, sans doute parce qu'elle est hors de la grotte, cette uniformité, qui nous étonne, dans l'amas des trois grottes, cesserait de nous surprendre, et, par la même raison, nous trouverions aussi tout naturel cet autre amas d'ossements, de charbons et de silex qui existe dans la grotte de Mialet, près d'Andusse, département du Gard, quoique cette grotte soit très éloignée du Périgord et qu'il soit bien probable qu'il n'a jamais existé de rapports entre les habitants de Mialet et ceux de Badegoule.

Les silex trouvés dans cet amas de charbons et d'ossements sont les mêmes dans les trois grottes, quant aux traits à talon, aux pierres de fronde et aux couteaux ; mais les javelots varient de forme. Ceux de la grotte du Pey-de-l'Azé sont moins allongés que ceux de Badegoule et de la combe Granal.

Dans la grotte du *Pey-de-l'Azé*, on trouve des flèches ovales, d'un tranchant très vif, et des silex plats circulaires, de deux centimètres d'épaisseur environ, semblables à des pions de damier, qu'on ne voit pas dans les autres, et *Badegoule* et le *Pey-de-l'Azé* possèdent des traits triangulaires avec un talon à leur base que la combe Granal n'offre pas.

J'ai recueilli une hache ébauchée à Badegoule ; mais je n'en ai jamais trouvé ni au Pey-de-l'Azé ni à la combe Granal.

Les silex travaillés des trois grottes sont communément noirs ou bruns et appartiennent au terrain crayeux. Ce choix était réfléchi, puisque lorsque les silex de cette nature étaient étrangers au pays, comme à Badegoule, par exemple, terrain houiller, on allait les chercher ailleurs, pour les travailler dans les grottes.

Les ossements contenus dans les trois grottes sont d'animaux de même race. Ils appartiennent à des bœufs, des moutons, des cochons ou sangliers, et à des volatiles. Dans la grotte du Pey-de-l'Azé, j'ai trouvé la moitié d'un bois de cerf, enfoui dans un sable compacte.

Parmi ces ossements d'animaux, ceux du mouton suggèrent une réflexion qui semblerait combattre, au moins de quelques siècles, la haute antiquité que l'on attribue aux silex qui les accompagnent. Le mouton est un animal des climats chauds : il n'a dû paraître dans nos contrées que bien tard. Comment, dès-lors, concilier cette rencontre ? à moins qu'on ne prétende qu'il nous est venu d'Afrique par l'Espagne, lorsque le détroit de Gibraltar n'existait pas ; mais ce serait faire remonter trop haut son apparition en Périgord : il est probable que la température fut jadis, dans nos contrées, plus élevée qu'elle ne l'est aujourd'hui.

Ces grottes ne renferment aucun ossement humain ; par conséquent, elles ne furent point des lieux de sépultures, et les ossements d'animaux qui s'y trouvent ne doivent point être pris pour des débris de repas funéraires.

L'antiquité, les sépultures exceptées, ne nous fournit aucun exemple de cérémonies religieuses dans les grottes. La divinité était adorée en plein air et sur les lieux les plus élevés. Les ossements de nos trois grottes ne furent donc pas les restes de quelques sacrifices.

Mais les silex, les charbons, les cendres, les ossements d'animaux, amoncelés dans ces grottes, et les fortifications qui protégeaient l'entrée de l'une d'elles, prouvent, au contraire, que ces grottes servirent de demeures; que leurs habitants étaient assez nombreux pour pouvoir les défendre et s'y maintenir; qu'ils y fabriquaient leurs armes, leurs outils en silex; que l'usage des métaux leur était inconnu; qu'ils formaient déjà un commencement d'état social, consacrant le droit de propriété, et que ces habitations monolithes étant les plus anciennes que nous rencontrions en Périgord, il nous est permis d'y placer l'enfance des arts dans cette province.

DE L'AGE DE LA PIERRE EN PÉRIGORD.

I

Nous avons attribué l'origine des arts au besoin impérieux qu'éprouvaient tous les hommes de veiller à leur conservation, de travailler à leur bien-être; et, restreignant notre étude au seul département de la Dordogne, nous avons dit que probablement les mêmes motifs avaient poussé ses premiers habitants dans la voie de l'industrie, en débutant par la même origine.

Quant à l'enfance des arts, qui suppose déjà une agglomération d'hommes, et par conséquent un progrès, jugeant qu'elle ne pouvait avoir pris naissance que dans cette réunion, où le besoin et l'émulation deviennent de puissants stimulants, nous l'avons placée dans ces agrestes demeures, que les silex, vrais monuments, semblent assigner aux premiers habitants du Périgord.

Cette origine et cette enfance des arts, que j'appelle les deux premiers âges de l'industrie en Périgord, offrent, sans doute, peu d'intérêt, puisque leurs productions ne sont que des silex travaillés plus ou moins grossièrement et d'une forme plus ou moins variée; mais elles nous conduisent insensiblement à l'âge mûr de la pierre, dont elles font essentiellement partie, c'est-à-dire à cet âge où les silex, arrivés au degré de travail le plus complet, allaient ouvrir une autre carrière aux arts et à l'industrie, et, sous ce rapport, elles ont le mérite d'avoir précédé les grandes découvertes et de nous avoir mis sur la voie du perfectionnement.

Nous ne ferons, néanmoins, embrasser à l'âge de la pierre, en Périgord, que cette période de temps qui s'est écoulée depuis l'époque où fut occupée cette contrée jusqu'à celle de la découverte des métaux, ère nouvelle qui marcha d'accord, quelque temps encore, avec l'âge de la pierre, comme le constatent nos découvertes journalières faites dans l'oppidum d'Écorne-Bœuf, établissant que les Pétrucoriens se servaient simultanément d'armes de pierre et de bronze, lorsque les Romains vinrent assiéger Vésune, leur cité capitale.

II

L'époque où fut habité le Périgord est celle aussi où commença l'âge de la pierre. Antérieurement aux objets en silex, nous n'en trouvons pas en bronze, en effet, ce qui prouve que les ouvriers de ces silex travaillés qu'on y découvre, furent les premiers habitants de cette province, parce qu'il n'est pas croyable que si ces ouvriers eussent connu le travail des métaux, ils lui eussent préféré plus tard celui des silex ; mais ce qui enlève à ce fait toute espèce de doute, c'est que nous voyons commencer l'âge de la pierre dans la propre demeure de ces ouvriers, et que nous pouvons en suivre les progrès pas à pas et sans difficulté. Nous remarquons d'abord les traits à talon, les flèches triangulaires, les couteaux grossièrement travaillés ; nous les trouvons ensuite un peu plus soignés, variés même dans leur forme, comme le sont les dards, les javelots, les pierres de fronde ; et, enfin, nous avons les flèches barbées, ovales, pointues à leurs deux bouts, très acérées, parfaitement faites, et les haches polies, d'une élégance remarquable et d'un fini tel que nous n'obtiendrions pas mieux aujourd'hui. Vésune, dans son antique emplacement, nous offre ces diverses améliorations successives, depuis le silex le plus grossièrement travaillé jusqu'à la hache la mieux polie, et de la hache polie jusqu'à la hache en bronze, c'est-à-dire jusqu'à l'usage des métaux. Il est donc incontestable que l'âge de la pierre a primitivement existé seul un certain temps en Périgord, et qu'il y commença avec les premiers occupants de cette contrée.

III

Mais à quelle époque remonte l'âge de la pierre en Périgord ? Pour répondre à cette question, il faudrait savoir quand pénétrèrent, dans cette contrée, ses premiers habitants. Les documents spéciaux nous manquent à ce sujet, et les données générales de l'histoire ne nous fixent qu'approximativement.

Suivant les anciens historiens ou géographes, il n'y aurait pas un point de l'Europe qui n'eût été occupé par des peuples connus sous les diverses dénominations de Gomérites, de Cimbres, de Celtes, de Celtibériens et de Celtes-Syriens. L'opinion la plus accréditée fait descendre les Celtes de Gomer, petit-fils de Noë. Les premiers habitants du Périgord seraient donc des Gomérites; nos silex auraient été travaillés par eux, et dès-lors l'âge de la pierre y trouverait sa place entre trois et quatre mille ans. Nous ne faisons pas remonter cette date trop haut, parce que, si l'on considère les silex de St-Acheul comme antédiluviens et les nôtres comme post-diluviens, leur grande similitude les rend presque contemporains. Cette autre induction pourrait encore fortifier cette date. Si les Gomérites, comme on le croit, se répandirent vers l'Occident, en gagnant le Nord, leur marche naturelle nous permet de croire que la France fut habitée avant l'Angleterre, l'Irlande, la Sicile, la Corse, l'Italie, l'Espagne même. Or, s'il en fut ainsi, qui oserait affirmer que ces contrées n'étaient, il y a quatre mille ans, que de vastes solitudes!

Nous croyons donc être dans le vrai en disant que nos premiers habitants furent des Gomérites, qu'ils pénétrèrent en Périgord, il y a au moins quatre mille ans, et que, par conséquent, nos silex travaillés par eux ont ce même nombre d'années.

IV

Nous avons dit l'origine des premiers habitants du Périgord et l'époque présumée de leur arrivée dans cette contrée. Nous allons maintenant les suivre dans leur marche progressive, à partir de l'endroit par où ils entrèrent, jusqu'à leur établissement fixe et permanent à Vésune, aujourd'hui Périgueux. Cette tâche serait difficile à remplir, impossible même pour tout historien qui voudrait s'en acquitter, en traversant rapidement le département de la Dordogne, espérant s'aider des travaux de ses devanciers, comme cela se pratique trop souvent de nos jours. Personne encore n'a franchement abordé ce sujet avec la patience requise; il est donc neuf pour tout le monde; il serait aussi pour moi un secret, si, n'ayant parcouru le Périgord plusieurs fois, je n'avais pu étudier cette province pendant plus de quarante ans, village par village et pour ainsi dire pierre par pierre, et presque toujours en compagnie des hommes les plus éclairés de chaque localité.

Des silex travaillés, disséminés sur le sol, m'ont mis sur la trace des premiers habitants du Périgord, et j'ai pu les suivre comme le chasseur suit son gibier, comme la justice parvient à éclairer ses présomptions. Les silex sont donc mes témoins, et des témoins irrécusables, parce qu'ils sont incorruptibles. C'est ainsi qu'à l'aide de ces monuments, les seuls de cette époque, j'ai pu constater que le Périgord avait été envahi par le sud-est, dans la direction du cours de la Dordogne, vers l'endroit qu'occupe aujourd'hui la ville de Souillac. A l'aide des mêmes silex, j'ai pu me convaincre aussi que les envahisseurs ne suivirent pas constamment le cours de cette rivière pour se fixer dans la plaine, mais qu'ils pénétrèrent, au contraire, dans l'intérieur des terres, en remontant les vallées pour y découvrir des fontaines, des ruisseaux, des grottes et gagner les hauteurs, qu'ils affectionnèrent toujours davantage.

Ainsi, les contrées qui forment aujourd'hui les arrondissements de Sarlat et de Bergerac auront été habitées les premières. C'est ce que constatent, d'abord, un amas de silex travaillés et trouvés dans trois grottes qui semblent avoir été occupées simultanément, et, en second lieu, les nombreux silex isolés et disséminés sur le sol, à partir de l'endroit par où fut abordé le Périgord, jusqu'à l'arrivée à ces grottes. Il est certain que toute la partie méridionale du département de la Dordogne, en tirant une ligne horizontale de Brive à Coutras, passant par Périgueux, fut peuplée la première. Il n'est pas, en effet, dans cette partie du Périgord, une localité où l'on ne trouve des armes en silex, et où, dans certains endroits, on n'en rencontre en plus grande quantité que dans aucun autre lieu du reste du département.

La partie du nord ne doit avoir été habitée que plus tard. Elle ne le fut même pas entièrement par les hommes de l'âge de la pierre, comme le démontre l'absence absolue de silex sur plusieurs points. Ce fut la partie méridionale qui lui fournit ses premiers habitants.

Ainsi, entre les cinq arrondissements du département de la Dordogne, l'ordre de succession dans leur première occupation, constaté tant par le nombre des grottes, jadis habitées, que par les silex travaillés, est celui-ci : Sarlat, Bergerac, Périgueux, Ribérac et Nontron.

Je prends, comme on voit, le département de la Dordogne dans sa délimitation moderne, de même que je suis forcément obligé aussi de me servir des dénominations actuelles des lieux, pour que ma pensée soit clairement exprimée et facilement comprise.

V

L'arrondissement de Sarlat fut le premier occupé et le premier peuplé. Si nous explorons, en effet, le département de la

Dordogne, dans ses parties du nord ou de l'ouest, nous n'y rencontrons aucun silex, ce qui prouve évidemment que ses premiers habitants n'arrivèrent pas par ces deux points. Nous trouvons, il est vrai, des silex en entrant par le sud; cette contrée nous offre même des dolmens et beaucoup de haches celtiques; mais elle nous offre moins de silex grossièrement travaillés et point de grottes jadis habitées, ce qui nous fait lui préférer nécessairement l'arrondissement de Sarlat, c'est-à-dire la partie sud-est, où nous trouvons trois grottes primitivement occupées, tous les monuments de l'âge de la pierre, depuis son origne et son enfance jusqu'à ses progrès, de nombreux souvenirs druidiques et beaucoup plus de dénominations celtiques qu'il n'en existe dans le reste du département.

Mais suivons les traces des premiers habitants du Périgord aux silex qu'ils ont laissés sur leur passage, et nous y verrons la preuve certaine de leur séjour primitif dans la contrée de Sarlat et de sa durée prolongée.

A quinze ou seize kilomètres de l'endroit par où nous supposons qu'ils arrivèrent, et à quatre kilomètres environ de la Dordogne, après avoir dépassé Cazoulès, Simeyrols, Orliaguet et Carlux, localités parsemées de silex, se trouve, au milieu de coteaux arides et escarpés, la grotte du Pey-de-l'Azé.

Les fortifications de cette grotte et cet amas de silex, de charbons et d'ossements qu'elle contient, prouvent qu'elle fut longtemps habitée, et ses silex, mêlés à des ossements, leurs contemporains, indiquent qu'elle le fut par une de ces premières familles qui s'emparèrent du pays et s'y multiplièrent. A six ou sept kilomètres de cette grotte, se trouve celle de la *combe Granal*, offrant les mêmes particularités, c'est-à-dire des ossements, des charbons et des silex mêlés ensemble.

Elle n'est pas fortifiée ; mais, se trouvant dans les mêmes conditions, elle dut être habitée à la même époque.

A peu de distance de la combe Granal, à quatre kilomètres environ, apparaissent les grottes qui couronnent l'escarpement de la vallée du Céoü, et qui, presque toutes, offrent plus ou moins de traces d'anciennes habitations. Dans les environs de chacune de ces antiques demeures sont épars des silex et des haches polies, dénotant que ces lieux furent parcourus et longtemps fréquentés par leurs habitants. C'est ainsi que dans le voisinage du Pey-de-l'Azé, nous trouvons, à Madrazès, à Olivier, à Comborn, à Proissans, à Sainte-Nathalène, à Saint-Vincent-les-Paluels, à Vitrac, à Carsac, des silex, des haches polies et quelques restes même de traditions druidiques ; à Vézac, avec des silex, des tombeaux creusés dans le roc, et près de Sarlat, des silex, des haches et les débris d'un dolmen ; que, dans le voisinage de la combe Granal, nous rencontrons sur la plaine de Born, dans la forêt de Drouilh et à Cénac, des pierres de fronde, des haches polies et les restes d'un dolmen ; que, dans le voisinage des grottes du Céoü, nous trouvons, à Saint-Cybranet, à Castelnau, des silex, des haches, et à Doissac, des silex et un tumulus ; qu'enfin, nous arrivons progressivement, en suivant la trace des silex, à Besse, où nous trouvons les restes d'un cromlech ; à Cladech, à Carves et à Belvès, où, avec des silex, des haches, des flèches barbées et le souvenir d'un dolmen, nous découvrons des monnaies dites celtiques, semblables à celles de l'antique Vésune, et que nous ne rencontrons dans aucune autre localité du Périgord.

Les grottes du Pey-de-l'Azé, de la combe Granal et celles de la vallée du Céoü étant occupées, d'autres familles ou individus nomades, avançant dans les terres, se disséminaient et stationnaient dans les endroits qui leur convenaient davantage, tandis que plusieurs, arrivés au confluent de la Dordogne et de la Vézère, remontaient cette dernière et, rencontrant la grotte de Badegoule, s'y établissaient. C'est ainsi que Campagne, situé sur les bords de la Vézère, nous présente plusieurs grottes qui furent habitées et nous offre de nombreux silex et des haches polies, sur un plateau très élevé, dominant la vallée. C'est ainsi encore que Sireuil, près du ruisseau la Béoüne, Tamniers, le Chambon, près d'Olivoux, dans le voisinage de Montignac, nous fournissent des silex et des haches polies, jusqu'à Saint-Lazare, où est Badegoule. Cette dernière grotte nous offrant un amas de silex, de charbons et d'ossements, semblables en tout aux dépôts que nous trouvons dans les grottes du Pey-de-l'Azé et de la combe Granal, il faut en conclure aussi qu'elle fut habitée à la même époque et par des hommes de mêmes mœurs et de mêmes habitudes.

D'après ces diverses particularités, qui ne se retrouvent pas dans les autres lieux du département, il est donc permis de croire que la contrée de Sarlat, où nous les rencontrons, sans pouvoir nous tromper, fut la première habitée. Par ces monuments disséminés sur son terrain, indestructibles de leur nature, plus infaillibles que la tradition, plus authentiques que des parchemins et plus croyables que le témoignage des hommes, trop souvent passionné, par conséquent entaché d'erreurs, cette vérité semble passer à l'état de fait historique, que nul document ne peut combattre.

C'est de cette contrée que le reste du Périgord aura reçu ses habitants.

VI

L'arrondissement de Bergerac ne fut point entièrement

occupé par les hommes de l'âge de la pierre; ce qui le prouve, c'est qu'on ne rencontre point de silex dans sa partie de l'ouest, la plus rapprochée des affluents de la Dordogne et de la Gironde. J'ai remarqué, en effet, que les hommes de cette époque évitaient de s'établir près des rivières, qu'ils fuyaient les plaines, qu'ils remontaient de préférence le cours des eaux et qu'ils gagnaient toujours les hauteurs pour s'y établir.

La partie située sur la rive gauche de la Dordogne, dans la contrée de Bergerac, fut envahie par des émigrants de Belvès, et celle de la rive droite, par des émigrants de cette contrée, dont les grottes de Campagne étaient le centre. Cette assertion n'a rien de hasardé. Les faits l'autorisent.

Sur la rive gauche, non loin de Belvès, nous trouvons, en effet, Vielvic avec des armes en silex, Beaumont, où les mêmes armes et les haches polies abondent et où existe un dolmen; Monmadalès, Lanquais, Naussannes, Montaut, Bardou, Issigeac, Mescoules, le village d'Élias, dans la commune de Fonroque, où existe un dolmen; Saint-Aubin-de-Cadelech (1) et Eymet, localités du sud du département, qui offrent également des armes en silex et des haches polies.

Sur la rive droite, dans la direction de Campagne, nous rencontrons Audrix avec des armes en silex, et au-delà de la Vézère, Limeuil, Paunat, l'Aumède, dans la commune de Drayaux, avec un dolmen; St-Michel-de-Villadeix, Cause-de-

---

(1) C'est à Saint-Aubin-de-Cadelech et non à Singleyrac qu'on trouva, dans un tombeau, une hache en bronze, imitant assez les haches en silex, un poignard en bronze, un tesson d'une poterie grossière et quatorze fils d'or en spirale, placés sous la tête d'un squelette, et destinés, sans doute, à orner et lier sa chevelure pendant sa vie. Je tiens ces détails d'une personne éclairée (M. Léandre, de Lauzun), qui a vu et examiné elle-même ces divers objets.

Clérans, Mouleydier, St-Sauveur, Liorac, Lamonzie-Montastruc, avec ses grottes; St-Félix-de-Villadeix, St-Georges-de-Monclard, Queyssac, Campsegret, Villamblard, où existait un dolmen, et Beleymas, où l'on trouve des silex et des haches polies. Aux Rocs-de-Costavy, à Maillol, à La Mazade, à La Fourtonie, à La Crabouille, lieux dépendants de la commune de Lamonzie-Montastruc, et à Saint-Félix, on pourrait croire que dards, flèches pointues aux deux extrémités, haches polies et ébauchées se fabriquaient en grand dans ces endroits, tant on y en rencontre. Une autre particularité que je ne crois pas inutile de signaler, c'est que trois localités différentes, et à une assez grande distance les unes des autres, ont chacune un village du nom de *Porouty*, et offrent toutes les mêmes silex grossièrement travaillés et des haches polies. Ces localités sont Queyssac et Beleymas, dans l'arrondissement de Bergerac, et Saint-Cybranet dans celui de Sarlat. Ce fait est en rapport avec ce que nous avons dit, que de la contrée de Sarlat seraient sortis les émigrants qui peuplèrent celle de Bergerac; nous pourrions ajouter aussi que plusieurs dénominations, évidemment dérivées du celtique, sont, dans l'arrondissement de Bergerac, les mêmes que dans le Sarladais. Ainsi, dans ces deux contrées, les grottes sont appelées *Cluseau* quand elles sont à découvert ou habitables, *Roffy* quand elles sont souterraines; les lieux où l'eau sourd constamment et les rend habituellement humides et infects portent le nom patois de *Gano ;* les plateaux élevés sont nommés *pé, pec, pellé,* du mot celtique *penn,* qui veut dire élévation. L'oronge, encore enveloppée de son capuchon et que nous nommons boule, est appelée *cougoulo,* du mot emprunté au *bardocucullus* des Celtes, et le pourpier, nommé en patois *pepoulo,* n'est qu'une altération du mot celtique *pempedulan,* signifiant la même plante.

Les parties de l'arrondissement de Bergerac qui, à l'ouest, ne furent point peuplées par les hommes de l'âge de la pierre, sont la plaine de Vélines et le canton de Villefranche-de-Longchapt, où se fait remarquer l'absence complète de silex travaillés.

C'est de la contrée de Bergerac que sortirent les émigrants, qui se dirigèrent vers le nord par deux voies différentes et aboutirent néanmoins au même point. De Beleymas, les uns se répandirent dans la contrée de Mussidan, où l'on trouve beaucoup de silex travaillés, des haches polies de toutes les grandeurs et de pierres plus recherchées, et un dolmen. De Mussidan, ils s'étendirent vers Grignols, Saint-Paul-de-Serre, en s'arrêtant à Coursac, où la quantité de haches ébauchées et polies, de traits et d'armes en silex, dénote une fabrique de ces armes et instruments, tandis que les autres, s'éloignant de Quinsac, de Campsegret, avançaient sur Vern, Breuilh, Ladouze, Saint-Gérac, où l'on trouve beaucoup de traits et de dards, et arrivaient ainsi sur la rive gauche de la rivière de l'Isle, où ils se fixèrent sur le versant d'un coteau aujourd'hui connu sous le nom d'Ecorne-Bœuf. C'est cet emplacement qui, devenu un centre de réunion, fut appelé plus tard Vésune.

VII

Les besoins chaque jour naissants d'une agglomération, formant déjà un commencement de société, poussèrent insensiblement cette réunion de plusieurs familles dans la voie de la civilisation. Ainsi, la crainte d'un être surnaturel qui se révélait à ces hommes, encore ignorants et grossiers, par les éclats de la foudre ou le bruit du tonnerre, peut les avoir portés à dresser des autels. Leur nature rude et méchante, ainsi que le besoin journalier de la chasse offensive et défensive, les avait poussés à l'invention des armes; un souvenir quelconque des vieilles traditions, un instinct religieux et une lueur de reconnaissance pour le maître de la vie, leur aura suggéré l'idée d'un culte extérieur, si vague qu'il fût. Les voyageurs de l'Europe chrétienne n'ont pas toujours trouvé plus de religion chez les peuples sauvages de l'Amérique, au XVIe siècle et au XVIIe. Mais, pour nous en tenir à nos provinces et à l'époque qui nous occupe, alors sans doute furent dressées ces pierres brutes, autour desquelles ils se réunirent pour immoler des victimes ou offrir peut-être en holocauste un ennemi vaincu.

Effrayés de tout au milieu d'un monde souvent hostile en apparence, et dont les lois échappaient à leurs moyens d'observation; poussés par un sentiment de peur et de faiblesse, on les vit matérialiser la puissance de l'Etre infini, qu'ils redoutaient, en l'attachant à des signes particuliers dans lesquels leur imagination, sans cesse frappée de terreur, croyait voir un secours constant et un appui mystérieux toujours présent au regard. De là ces talismans, ces amulettes portées sur soi comme un préservatif contre le charme, les maléfices, l'envie et toute espèce de maux qu'ils pensaient ainsi conjurer.

L'affection dans les époux, le désir de plaire par une coquetterie aussi ancienne que le genre humain, ou de se distinguer entre les autres par un faste ou des insignes caractéristiques, inspirèrent de bonne heure à plusieurs membres de cette société, plus ou moins sauvage, l'idée de se mettre en frais pour des parures, des ornements ou des marques distinctives de rang et d'influence. De là ces colliers, ces boucles d'oreilles faites avec de petits oursins ou en terre cuite, que nous retrouvons en grand nombre sur l'emplacement de l'antique Vésune.

VIII

L'avantage de la position d'Écorne-Bœuf, sa proximité d'une rivière, étaient faits pour rendre bientôt ce lieu important; et sa population, augmentant chaque jour, aura fini par s'épancher en migrations sur les contrées voisines. Ainsi se seront peuplés dans l'arrondissement de Périgueux les environs de Saint-Astier, de Bourdeilles, de Brantôme, où avec un dolmen existent beaucoup de silex travaillés, des haches polies et le souvenir traditionnel d'une infinité de contes sur les fées, les sorciers et les farfadets; dans l'arrondissement de Ribérac, Neuvic, Sourzac, Saint-Aquilin, où se trouve un dolmen; Vanxains, Villetoureix, le Chapdeuil et Allemans; enfin dans celui de Nontron, qui fut le moins peuplé par les hommes de l'âge de la pierre, Mareuil, Champeau, Champagnac et Thiviers.

Telle dut être la marche progressive des premiers habitants du Périgord, dont nous avons pu suivre les traces en recueillant nous-même, dans chaque localité que nous avons citée, quelques-uns des silex travaillés ou haches polies qui jalonnent leur passage.

IX

Par l'accroissement des familles et la multiplication des tribus, certains rapports obligés, des intérêts mutuels engagés et reconnus, en amenant des transactions, obligèrent nécessairement les contractants à fixer des signes conventionnels pour les échanges. De là, sans doute, l'invention de petits cônes en terre cuite de diverses grandeurs, semblables à des pions de loto, pour représenter certaines valeurs. La quantité de ces antiques échantillons que l'on trouve sur l'emplacement de Vésune, me fait penser que leur destination devait être commerciale, car je ne vois pas que l'on puisse assigner à ces pions nulle autre attribution raisonnable, et nous savons que la monnaie métallique fut assez généralement précédée, chez les premiers peuples, par diverses ébauches empruntées à toute autre matière.

X

Ce fut à Vésune, d'abord simple bourgade et plus tard capitale des Pétrucoriens, que l'âge de la pierre prit son plus grand développement. Ce fut aussi à Vésune qu'il disparut insensiblement, quand la pensée de l'emploi des métaux vint y ouvrir aux arts une ère nouvelle.

Nous avons déjà décrit ou signalé plusieurs fois, et notamment dans le *Périgord illustré* et dans l'*Epigraphie de Vésune*, tous les monuments postérieurs à cette ère nouvelle, surtout sous la domination romaine; mais nous n'avions fait qu'effleurer l'âge de la pierre, en indiquant seulement quelques-unes de ses productions. Aujourd'hui, pour compléter nos travaux sur le Périgord et leur faire embrasser toute la période historique de cette province, depuis ses premiers habitants jusqu'à nos jours, nous sommes remonté à l'origine de son premier âge, c'est-à-dire de celui de la pierre, et, après avoir suivi cet âge dans son enfance, dans ses développements et dans ses progrès, nous avons recueilli plusieurs de ses œuvres, que nous possédons et que nous énumérons ici.

ŒUVRES DE L'AGE DE LA PIERRE
OU SES MONUMENTS.

ARMES EN SILEX.

I

Le Trait.

Le trait était de forme ovoïde ou triangulaire. Il avait deux faces : l'une plate, un peu concave, et l'autre convexe, avec une ou deux arêtes se rabattant vivement sur les côtés et s'abaissant en mourant vers la pointe. La pointe et les côtés étaient amincis par percussion et à petits éclats. A l'opposé de la pointe était un talon haut d'un centimètre environ. Le trait, long de quatre à huit centimètres, était lancé à l'aide d'un arc. Placé sur le fût et tenu par la main qui tendait sa corde, il était dirigé avec force vers l'objet qu'on voulait atteindre. C'est par le talon qu'il recevait toute son impulsion (1).

II

Le Dard.

Le dard est de forme ovoïde, et sa longueur est de huit ou dix centimètres. Sa pointe est très acérée et sa base est circu-

(1) Voyez la planche Ire, fig. 1re, et pl. IVe, fig. 4e.

laire. Bombé sur ses deux faces dans le milieu, il a ses côtés très tranchants. Ouvrage de patience, il était fait par percussions souvent répétées et par écailles. Vers sa base, deux places sont ménagées pour le pouce et pour l'index, ce qui ferait croire qu'il était aussi une arme de jet. Peut-être fendait-on le bout d'un roseau pour y engager la partie circulaire, qu'on y retenait solidement au moyen de forts liens; alors on s'en servait comme de javelot ou de lance (1).

III

La Pierre de Fronde.

La fronde, arme très meurtrière, lançait une boule d'environ six centimètres de diamètre, arrondie à force de percussions répétées jusqu'à ce qu'on eût atteint une rondeur presque parfaite. Les pierres de frondes sont en quartz ou en silex noir, mais le plus souvent en quartz blanc. On les lançait à l'aide d'une corde (2).

IV

La Flèche.

J'ai remarqué des flèches de trois formes différentes : les unes sont pointues aux deux bouts, les autres sont en forme de cœur, et les troisièmes, que j'appelle barbées, parce qu'elles ont comme deux barbes pendantes et un pied pour les fixer à

---

(1) Voyez la pl. IIe, fig. 1re.
(2) Voyez la planche IIIe, figure 4e.

l'extrémité d'une baguette ou d'un roseau. Ces trois sortes de flèches devaient être également employées pour la chasse et pour la guerre; elles étaient lancées avec une arbalète (1).

V

La Javeline.

La pointe de la javeline était une arme moins commune que les autres. Sa longueur était de dix à douze centimètres; l'une de ses extrémités était pointue et l'autre était carrément coupée; elle était étroite, mince et ne portait qu'une arête sur la face supérieure. Je n'ai rencontré cette arme que dans la grotte de Badegoule et à Madrazès, près de Sarlat (2).

VI

Pierres à ricochet.

Je donne ce nom à une arme que j'ai trouvée en assez grand nombre dans les environs de la grotte du Pey-de-l'Azé. Ce silex est plat, arrondi, épais de deux centimètres et d'un diamètre du double environ. Il ressemble pour la forme à des pions de jeu de dames. Ses deux faces sont unies, et leurs contours offrent les traces de nombreuses percussions nécessaires pour les arrondir. Cette arme était lancée avec la main et devait facilement fendre l'air et glisser sur l'eau. C'est ce que nous appellerions aujourd'hui *palets* (3).

---

(1) Voyez la pl. IIe, fig. 2e.
(2) Voyez la pl. Ire, fig. 2e.
(3) Voyez la planche IVe, figure 1re.

VII

Poignard.

Cette arme avait de vingt à vingt-cinq centimètres de longueur et de cinq à six centimètres de largeur près du manche. Nous donnons cette dimension à nos poignards, quoique nous n'en ayons jamais trouvé d'entiers; mais les divers fragments que nous avons recueillis, soit à Écorne-Bœuf, soit dans la grotte de Badegoule, nous y autorisent, parce que, semblables dans leur travail et dans leurs proportions avec le poignard déposé dans le musée de Bordeaux, ils devaient avoir la même forme et la même grandeur. Leur lame offrait une arête dans le milieu, se rabattant sur les côtés, ce qui la rendait bombée. Elle ne recevait point le poli des haches et gardait ses dentelures, ses aspérités, sans doute pour n'être que plus meurtrière (1).

VIII

Haches.

Cette arme est semblable à un coin de forme pyramidale, variant dans ses dimensions de trois à vingt-cinq centimètres. Elle est ordinairement convexe dans toute sa longueur, offre sur les côtés des arêtes vives et un tranchant vif, décrivant une portion d'ellipse presque toujours plus large que la partie opposée, qui est carrée. La fantaisie de l'ouvrier, son talent ou

(1) Voyez la pl. IIe, fig. 3e.

une sorte de hasard amené par les accidents de la matière, en variaient cependant quelquefois les formes. Les haches les plus petites sont ordinairement pointues à l'extrémité opposée au tranchant, et la matière en est plus recherchée (1). On en trouve en jaspe, en calcédoine, en serpentine, tandis que les plus communes et de grandeur moyenne sont assez souvent en silex blanc, jaune ou blond, et en roche amphibolique. Toutes offrent un poli parfait. Celles que l'on rencontre seulement ébauchées n'étaient pas faites pour servir dans cet état, ce qui me ferait croire que ce qu'on nomme haches de Saint-Acheul ne sont que des dards.

Ces ébauches étaient laissées de côté comme impropres à faire une hache convenable. En les examinant bien, on remarque, en effet, des défectuosités que le poli aurait fait ressortir encore davantage (2).

Les haches étaient une arme de guerre, dont l'usage s'est maintenu même longtemps après l'emploi des métaux. Elles étaient emmanchées, mais de différentes manières : les unes étaient encastrées dans une monture de bois de cerf à laquelle on ajoutait un manche; les autres s'adaptaient à un manche et s'y fixaient solidement au moyen de forts liens. On a dit que parfois un jeune arbre était fendu pour recevoir dans son ouverture une hache, qui se serait trouvée ainsi, après deux ou trois ans, munie d'un manche presque naturel. C'est possible ; mais ce mode d'emmanchement était long, et le plus prompt lui était sans doute préféré. D'ailleurs, il me paraît bien difficile que la hache, ainsi confiée aux chances de la bonne foi, n'eût pas couru les risques de changer de maître.

(1) Voyez la planche IIIe, figure 1re, et la pl. V^e, fig. 1re.
(2) Voyez la pl. IIIe, fig. 2e.

Le peuple de nos campagnes attache des idées superstitieuses, sans pouvoir s'en rendre compte, aux haches polies; il les croit tombées du ciel après un orage. Dans les environs de Sarlat, elles sont un objet de respect; quand on en trouve, on a soin de les enfouir dans la terre ou de les cacher dans des trous de murailles. Ce respect dans cette contrée date de loin, si j'en juge par ce fait assez singulier. J'avais découvert dans la commune de Saint-Vincent-les-Paluels un *lavacrum* ou baptistère du IVe ou Ve siècle entièrement ignoré. L'ayant fait vider, j'y trouvai, avec de nombreux débris de vases en terre noire, une belle hache polie qui est aujourd'hui dans le musée de Périgueux (1).

(1) Cette hache faisait partie de mon cabinet d'antiquités, que je donnai pour commencer le musée départemental, et voici à quelle occasion. La ville de Périgueux destinant à une école mutuelle la chapelle dite des Pénitents blancs, avait congédié cette confrérie. Cette chapelle attenant à l'évêché, dont elle avait fait partie jadis, était revendiquée. C'était une difficulté pour M. Romieu, alors préfet de la Dordogne. Il m'en parla. Pour le sortir d'embarras, je lui conseillai d'établir dans ce local le musée que nous projetions ensemble de fonder, et pour lequel nous avions déjà fait une démarche auprès du sieur Gaulet, propriétaire du jardin Chambon, dans le but de le déterminer à céder une partie de ce jardin, avec son orangerie et les bâtiments contigus, pour l'y placer. Enchanté de cette idée, il me répondit : « Eh bien ! chargez-vous de la mettre à exécution. » Et aussitôt j'y fis transporter sans relâche, par l'entremise du sieur Blondeau, serpent de la cathédrale et entrepreneur d'une route, les fûts de colonnes, les chapiteaux, les frises, les entablements, les cippes, les inscriptions et d'autres objets antiques que MM. de Taillefer et de Mourcin avaient eu l'heureuse pensée de rassembler dans l'un des grands vomitoires de l'amphithéâtre. J'y déposai ma collection de minéraux, que je tenais de l'amitié de M. Brard, savant minéralogiste, une collection de fossiles que m'avait donnée M. Jouannet, mes monnaies antiques et du moyen-âge, avec quelques monnaies gauloises, plusieurs figurines, entr'autres le Bacchus assis sur un cygne, et d'un travail admirable

Dans l'arrondissement de Bergerac, au contraire, on les casse en deux, pour leur enlever sans doute leur vertu mystérieuse, et on en jette les morceaux.

des vitraux peints provenant des fenêtres de l'église Saint-Front, plusieurs vases ou fragments de poterie rouge, plusieurs haches celtiques, des hallebardes de la Renaissance, enfin tout ce que je possédais. Nous y joignîmes la collection minéralogique formée à la préfecture par M. Brard, sous l'administration de M. de Cintré, un grand nombre de coquilles qui se trouvaient déposées dans une des salles de la bibliothèque, et ainsi fut fondé le musée départemental. M. de Mourcin, invité par M. Romieu de donner, comme moi, à ce musée, ce qu'il possédait, lui répondit : « Je m'en garderai bien, monsieur le préfet; *je ne serai pas si bête !* » La réponse pouvait être, sans doute, plus polie; mais elle ne pouvait donner une plus juste appréciation de certains hommes et de l'avenir. Elle voulait dire que le plus sûr moyen pour s'affranchir de l'ingratitude, de la jalousie et de l'envie, c'était de vivre, dans ce monde, sans cœur et sans esprit. Tarir, en effet, les bienfaits, c'est supprimer l'ingratitude; et ne posséder ni mérite ni fortune, c'est être à l'abri des envieux et des jaloux. Ou bien encore M. de Mourcin, qui figure dans le catalogue du musée départemental sans avoir jamais rien donné à cet établissement, aurait-il craint, par hasard, de ne pas y figurer s'il l'eût enrichi de ses dons? C'est probable !!!!

A propos de mes nombreuses libéralités faites au musée départemental de Périgueux, je dois en mentionner une autre qui prouve tout mon intérêt pour cet établissement. M. George Massonnais m'avait donné une superbe hache, ornée d'un manche chargé de sculptures, et qui avait été offerte à son oncle par des sauvages. Je l'acceptai avec reconnaissance, en lui demandant la permission de la déposer dans le musée, où elle rappellerait sans cesse le zèle apostolique de ce vénérable prélat. Cette hache n'est donc encore au musée que par mon généreux désintéressement.

OUTILS ET INSTRUMENTS EN SILEX.

I

Couteaux.

Cet instrument variait dans sa forme et dans ses dimensions. On en trouve de droits, de recourbés et d'arrondis (1). Les couteaux droits étaient pointus et à deux tranchants; ceux de forme recourbée n'étaient tranchants que d'un côté, avaient l'extrémité supérieure carrée et l'extrémité opposée un peu arrondie. Cette disposition était nécessaire pour ne pas blesser la main qui s'en servait. La longueur de ces deux espèces de couteaux n'était que de dix à douze centimètres et leur largeur de trois ou quatre centimètres. Une arête vive, quelquefois deux, se font remarquer sur leur face antérieure, où était ménagée, ainsi que sur le dos, une place pour fixer le pouce et l'index. Les couteaux demi-circulaires, avec un dos en forme de petit manche, étaient d'une dimension plus petite (2). Le silex se brisant presque toujours en fragments conchoïdes, il ne fallait qu'un premier coup pour obtenir la face plate et un peu concave; mais la face antérieure et sensiblement convexe, ainsi que ses arêtes, demandaient un plus long travail. Aussi présentent-elles les traces de plus nombreuses percussions. Cependant, l'usage dut former des ouvriers qui réussissaient comme à coup sûr dans cette opération et pour lesquels le travail était plus facile.

---

(1) Voyez la planche 1re, figure 3e, et la pl. ive, fig. 2e.
(2) Voyez la planche ive, figure 2e.

II

Haches.

La hache était employée aussi comme outil ou instrument dans les travaux domestiques. Les hommes de l'âge de la pierre, privés de la connaissance des métaux, ne pouvaient employer de matières ni plus dures ni plus tranchantes. Utilisée pour les usages de la vie, il est probable qu'elle était emmanchée. On trouve cependant quelques haches perforées dans la partie opposée au tranchant. Il est probable que celles-là étaient suspendues au cou et pouvaient avoir deux destinations : servir d'instrument et d'arme de main.

MONUMENTS RELIGIEUX.

I

Autels ou Dolmens.

Le premier autel semble n'avoir été qu'une pierre brute. Les patriarches offraient leurs sacrifices sur une simple pierre, et Moïse, voulant sans doute maintenir cette simplicité primordiale, qui avait quelque chose de sévère et de majestueux par l'exclusion donnée au travail humain, ordonne de dresser au Seigneur un autel que le fer n'aurait pas touché *(de lapidibus quos ferrum non tetigit)*. Ce doit avoir été le type des constructions cyclopéennes, où les matériaux étaient pris tels que Dieu les avait livrés.

Les hommes, en se multipliant et en cherchant un culte qui dépassât l'enceinte de la famille, auront prétendu donner à ces autels un plus grand développement correspondant à cette extension nouvelle. Quatre gros blocs de pierre, quelquefois cinq, dont trois ou quatre servaient de supports à un quatrième ou cinquième, qui était proprement dit la table ou *la pierre levée*, constituèrent alors les autels qui portent aujourd'hui le nom de dolmens, et qui passent pour avoir été conservés jusqu'à l'envahissement des Gaules par les Romains. Le Périgord en possédait un grand nombre (1).

M. de Caumont, trouvant des ossements sous ces autels, a cru que ces monuments n'étaient que d'antiques tombeaux. Son opinion ne me paraît pas assez fondée pour pouvoir renverser une tradition constante, universelle, et détruire les assertions historiques d'auteurs anciens, sacrés et profanes. Nous trouvons des monuments des temps primitifs presque dans toutes les contrées : que seraient donc devenus les autels en pierre, que nous ne retrouverions nulle part, si les dolmens n'en étaient pas? Qu'on découvre des ossements sous les dolmens, il n'y a là rien d'étonnant. Pourquoi les débris du sacrifice prouveraient-ils précisément qu'il n'y a pas eu de sacrifice? Oublions si l'on veut nos autels chrétiens, où la liturgie ne se célèbre que sur des ossements de martyrs; mais prétendrait-on montrer qu'il ne peut y avoir eu immolation tout justement parce que nous croyons en pouvoir indiquer les traces? Il faudrait prouver qu'un culte sanglant prend soin

---

(1) Voyez la planche vi^e comme spécimen.

de dissimuler les souvenirs de l'acte qui est la grande expression du pouvoir qu'il s'attribue pour réconcilier la terre avec le ciel, car hors de cette prétention, nulle religion n'a quelque raison d'être (1).

Mais d'ailleurs la différence entre les tombeaux et les dolmens me semble bien tranchée pour la forme et pour la position. Les tombeaux sont recouverts de terre, presque toujours entourés d'un fossé et placés indistinctement partout, tandis que les dolmens se trouvent le plus souvent sur les plateaux les plus élevés et toujours à découvert.

II

Cromlechs.

Le cromlech est une ligne (droite ou circulaire) de gros blocs de pierre régulièrement espacés, et le moindre nombre de ces blocs, autant que j'ai pu m'en assurer, paraît être douze. Nous en comptons deux en Périgord : le premier, à Besse, sur les limites du Lot, dans l'arrondissement de Sarlat; le second, à Excideuil, dans l'arrondissement de Périgueux. Celui de Besse, de forme circulaire, était incontestablement l'ouvrage des hommes. Il est aujourd'hui presque entièrement détruit, parce que, composé de blocs de grès réfractaire, il a été employé par les maîtres de forges pour la construction de leurs

---

(1) Tout culte est sanglant depuis le péché, si ce n'est que dans le christianisme la victime du saint sacrifice est devenue glorieuse et impassible depuis le Calvaire. Saint Paul ne dit-il pas, résumant le sentiment universel (Héb., ix, 22), comme celui de la loi mosaïque, qui en était la plus haute et la plus sûre expression : « *Point de sang, point de pardon pour le péché.* »

fourneaux (1). Celui d'Excideuil m'offre des doutes sur son authenticité. On a dit qu'il formait des alignements parallèles d'une étendue d'environ mille mètres au moins. Je ne combattrai point son ordre symétrique, impossible aujourd'hui à vérifier; mais ce qui est évident, c'est que les roches qui le composaient sont originaires du pays même, et que celles qui n'ont pas été enlevées n'avaient nul besoin de la main de l'homme pour être où nous les trouvons. Elles adhèrent tout simplement au sol qui est de même nature, et pourraient n'avoir été isolées que par un déblai naturel ou artificiel qui les a mises à découvert, comme le squelette demeure apparent quand les chairs tombent. Voilà ce qui me fait croire qu'on a considéré trop légèrement cet assemblage naturel de blocs de pierres comme un monument celtique. On ne peut donc m'accuser de me précipiter à plaisir dans un symbolisme imaginaire!

Que pouvait signifier le cromlech? On n'en donne pas de solutions satisfaisantes et l'on ne se pique même guère de l'expliquer; mais nous lisons dans le chapitre XXIV de l'*Exode* que Moïse dressa un monument de douze pierres, selon le nombre des douze tribus, en signe d'alliance avec Dieu, et dans le *Lévitique,* chapitre III, que Josué, après le passage du Jourdain, ordonna de dresser douze pierres pour perpétuer l'alliance du Seigneur avec les enfants d'Israël. A la vérité, le nombre douze était ici le souvenir des fils de Jacob; mais quant à l'érection de nos blocs, il est permis de croire qu'une idée quelconque de reconnaissance envers le Créateur et la pensée de perpétuer le souvenir d'une confédération jurée à la face du ciel, ne sont pas étrangères aux cromlechs.

(1) Voyez la planche IVe, figure 3e.

III

Amulettes.

L'amulette était un préservatif superstitieux contre le charme, les maléfices et toute espèce de maux. Les Romains les appelaient des bulles. Supposez une boule d'environ quatre centimètres de diamètre, aplatie, percée dans le milieu, dont les bords seraient quelquefois dentelés, et vous aurez une idée de nos amulettes. Elles sont en terre cuite, et, après avoir été sans doute adoptées comme contre-sort, elles ont bien pu passer en ornement de fantaisie, que l'usage maintenait après avoir oublié leur première destination. Nous en trouvons beaucoup sur l'emplacement de l'antique Vésune (1).

SIGNES CONVENTIONNELS DE VALEURS.

Monnaie de l'âge de la pierre en Périgord.

Avant que la monnaie ne fût en métal, les tribus fixées et nombreuses avaient adopté des signes de valeurs pour faciliter les achats, les échanges et les transactions entre elles et leurs membres. C'est un fait historique reconnu par tout le monde. Ces signes variaient suivant les tribus. Nous pensons que les cônes de diverses grandeurs et en terre cuite qui se rencontrent en assez grand nombre à Écorne-Bœuf, où fut la pre-

---

(1) Voyez la planche iiie, figure 3e.

mière Vésune, étaient les signes de valeurs adoptés par les Vésuniens. La transition entre ces signes représentatifs et la monnaie métallique locale est si peu sensible par la grossièreté du travail, qu'il est probable que cette monnaie barbare, que nous trouvons aussi à Écorne-Bœuf et que nous reconnaissons y avoir été fabriquée, succéda à ces cônes de terre cuite.

Nous n'émettons cependant qu'une opinion. C'est une conjecture qu'on peut ne pas admettre; mais la repousser sans hésiter serait moins raisonnable que d'y croire (1).

RÉSUMÉ.

Tel fut l'âge de la pierre en Périgord. Nous sommes remonté à son origine, nous l'avons suivi dans sa croissance, et après l'avoir vu se développer, nous l'avons vu s'éteindre. Nous avons suivi et étudié les hommes qui, les premiers, l'importèrent dans notre province; nous avons scruté leurs primitives demeures pour en faire sortir les secrets qu'ils y enfouirent et pour les divulguer; nous avons énuméré et décrit toutes les œuvres qui leur furent personnelles, et nous en avons donné le dessin pour les rendre plus sensibles à tous les regards. Nous avons dit quels furent les motifs qui portèrent les hommes de la pierre à inventer des armes, des outils, des instruments, et comme nous ne voyons pas qu'ils aient dû être assez dégradés pour qu'on soit réduit à les considérer comme dénués de toute pensée, supérieure à l'intérêt de chaque jour,

(1) Voyez la planche IIIe, figure 5e.

de tout culte et sans relations d'échanges avec d'autres que des voisins immédiats, pendant la période de l'âge de la pierre jusqu'à l'emploi des métaux, nous leur avons attribué l'érection des premiers autels, l'invention des amulettes ou préservatifs imaginaires, autorisés par une religion grossière, et l'emploi de signes conventionnels pour représenter les valeurs. Nous avons signalé le lieu probable de leur entrée en Périgord, et suivant leurs traces, nous avons pu constater qu'ils se fixèrent d'abord dans la contrée sarladaise. De là seront sortis, pensons-nous, les émigrants qui peuplèrent successivement les arrondissements de Bergerac, de Périgueux, de Ribérac et de Nontron. Nous avons dit enfin l'origine de Vésune, qui, de simple bourgade, devint la métropole des Pétrucoriens, et qui, sous la domination romaine, à l'aide de la munificence des Pompée, finit par offrir aux arts des monuments dignes d'Athènes et de Rome.

FIN.

TABLE DES MATIÈRES.

	Page.
Avant-propos.	5
I De l'origine des arts en Périgord	7
II La première invention	7
III État de l'homme après sa désobéissance	8
IV Industrie dans le Périgord remontant à ses premiers habitants.	9
V Causes de toutes les inventions	11
I De l'enfance des arts en Périgord	12
II Le monde organisé et vivant est moderne, à n'en juger même que par les monuments	13
III Le Périgord n'offre aucune trace prouvant qu'il ait été habité avant le déluge	14
IV Preuves que le Périgord n'a été occupé qu'après le déluge	17
V Les grottes, premières habitations des premiers habitants du Périgord	18
I De l'age de la pierre en Périgord	24
II Commencement de l'âge de la pierre	25
III Age de la pierre	26
IV Marche progressive des hommes de l'âge de la pierre	27
V Arrondissement de Sarlat, le premier occupé	29
VI Arrondissement de Bergerac, le second en partie peuplé, et origine de Vésune	32
VII Érection des autels en pierre et diverses inventions	35

	Page.
VIII Emigrants partis de Vésune...	37
IX Invention de signes conventionnels de valeurs...................	37
X Age complet de la pierre à Vésune, depuis sa naissance jusqu'à l'emploi des métaux..	38

ŒUVRES DE L'AGE DE LA PIERRE OU SES MONUMENTS.

I Armes en silex...	39
II Outils et instruments en silex......................................	46
III Monuments religieux	47
IV Signes conventionnels de valeurs................................	51
Résumé	52

Périgueux, imp. Dupont et C. - Jt 63.

Planche 1ère

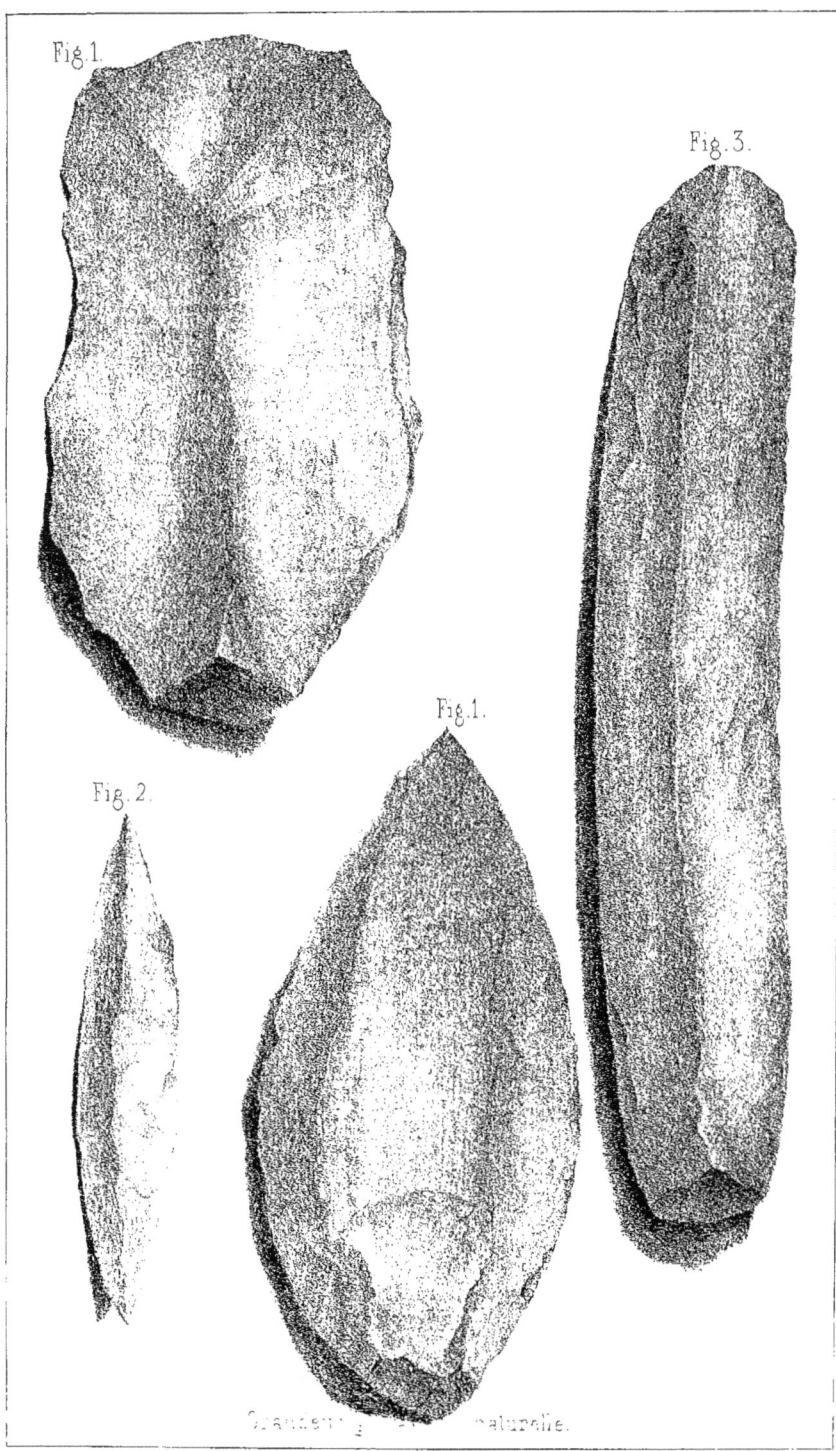

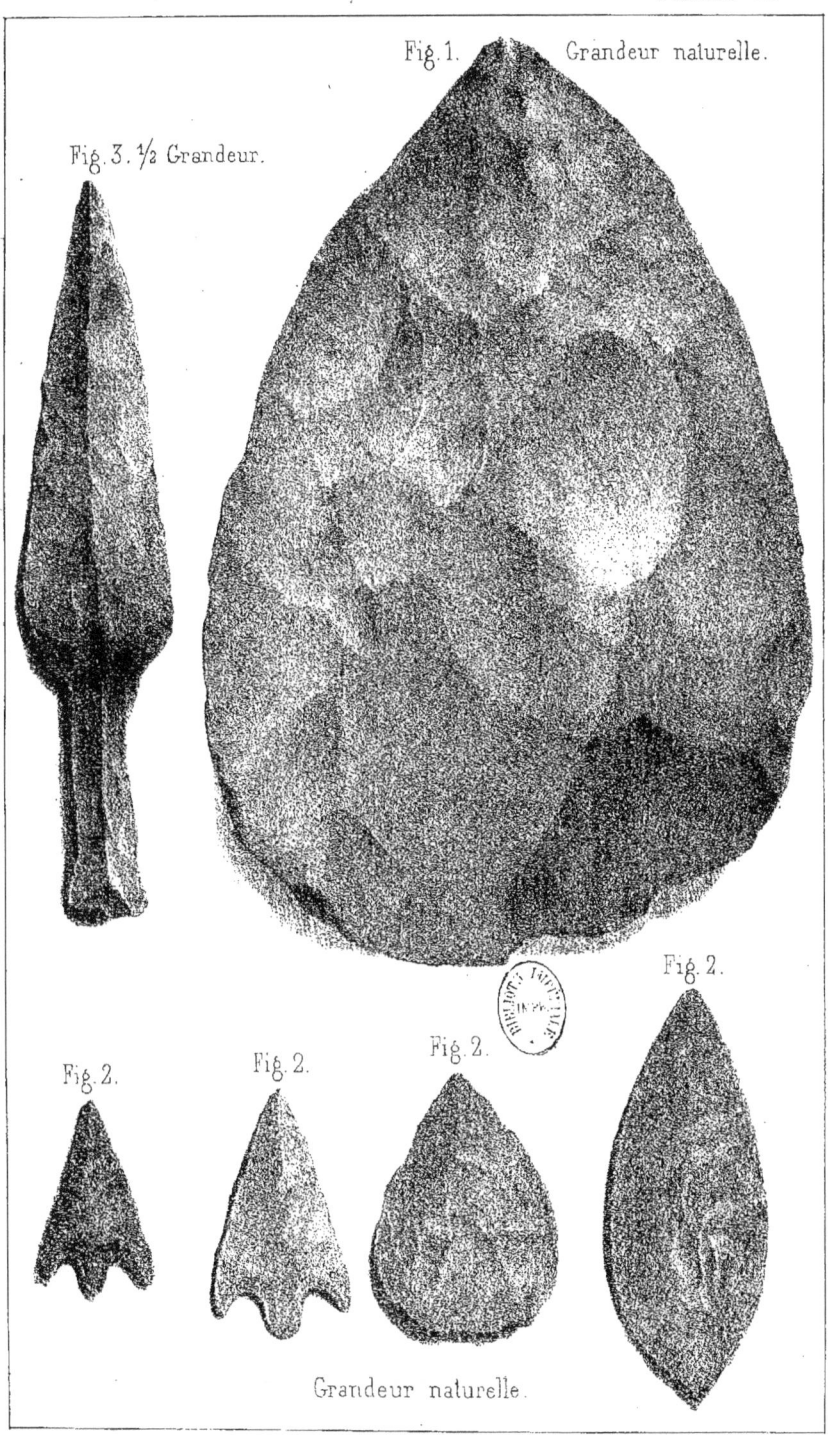

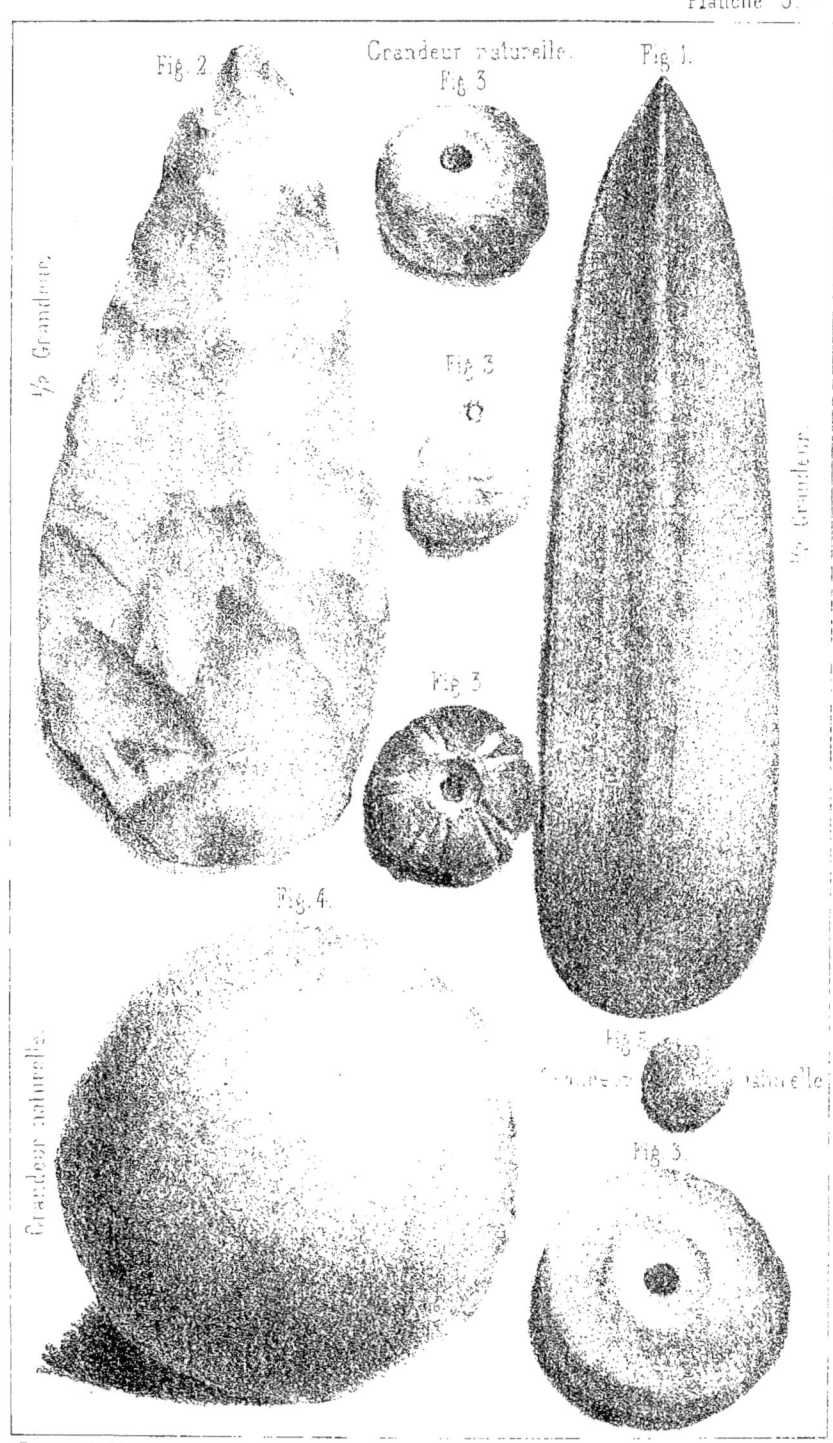

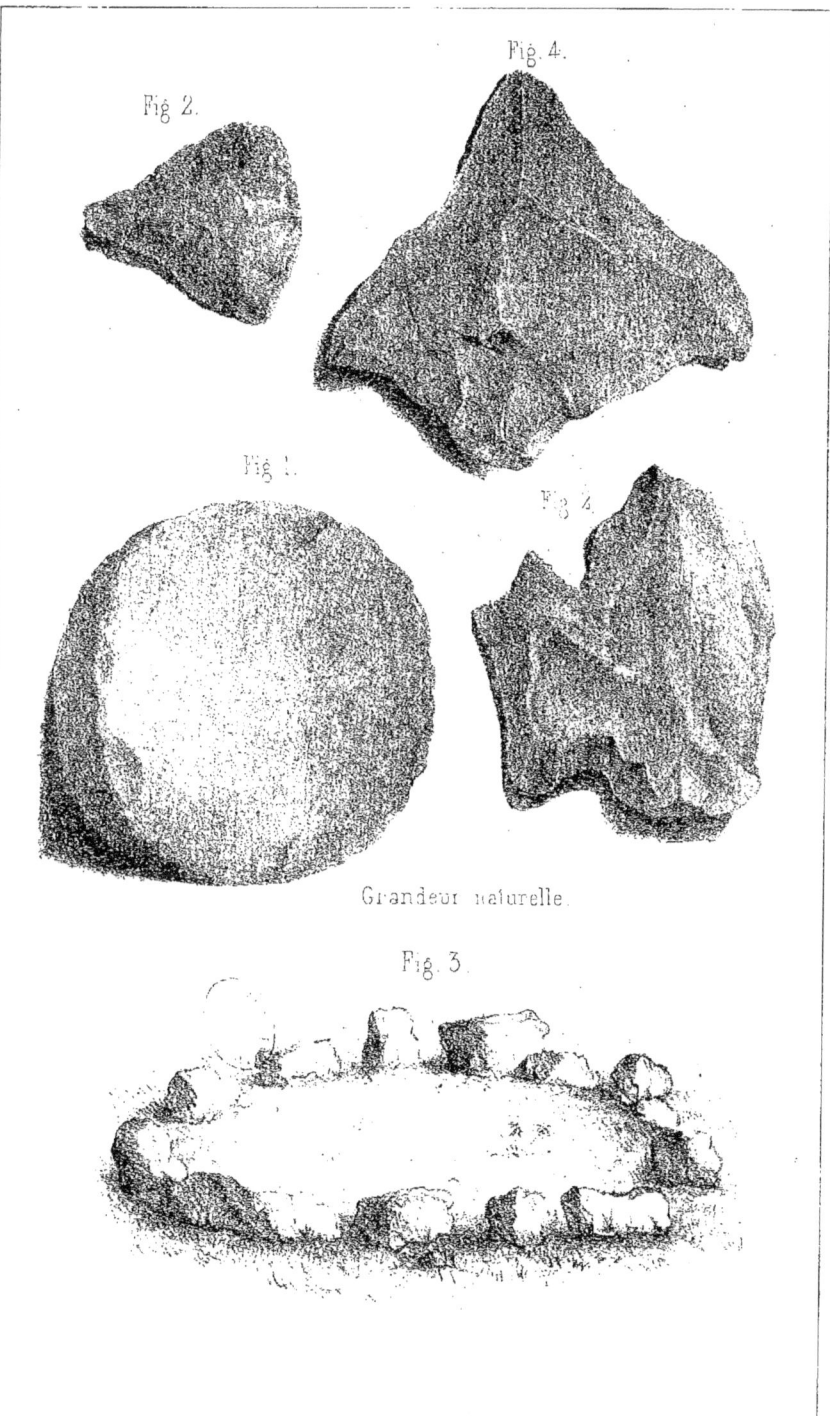

Planche 4.ème

Planche 3ème

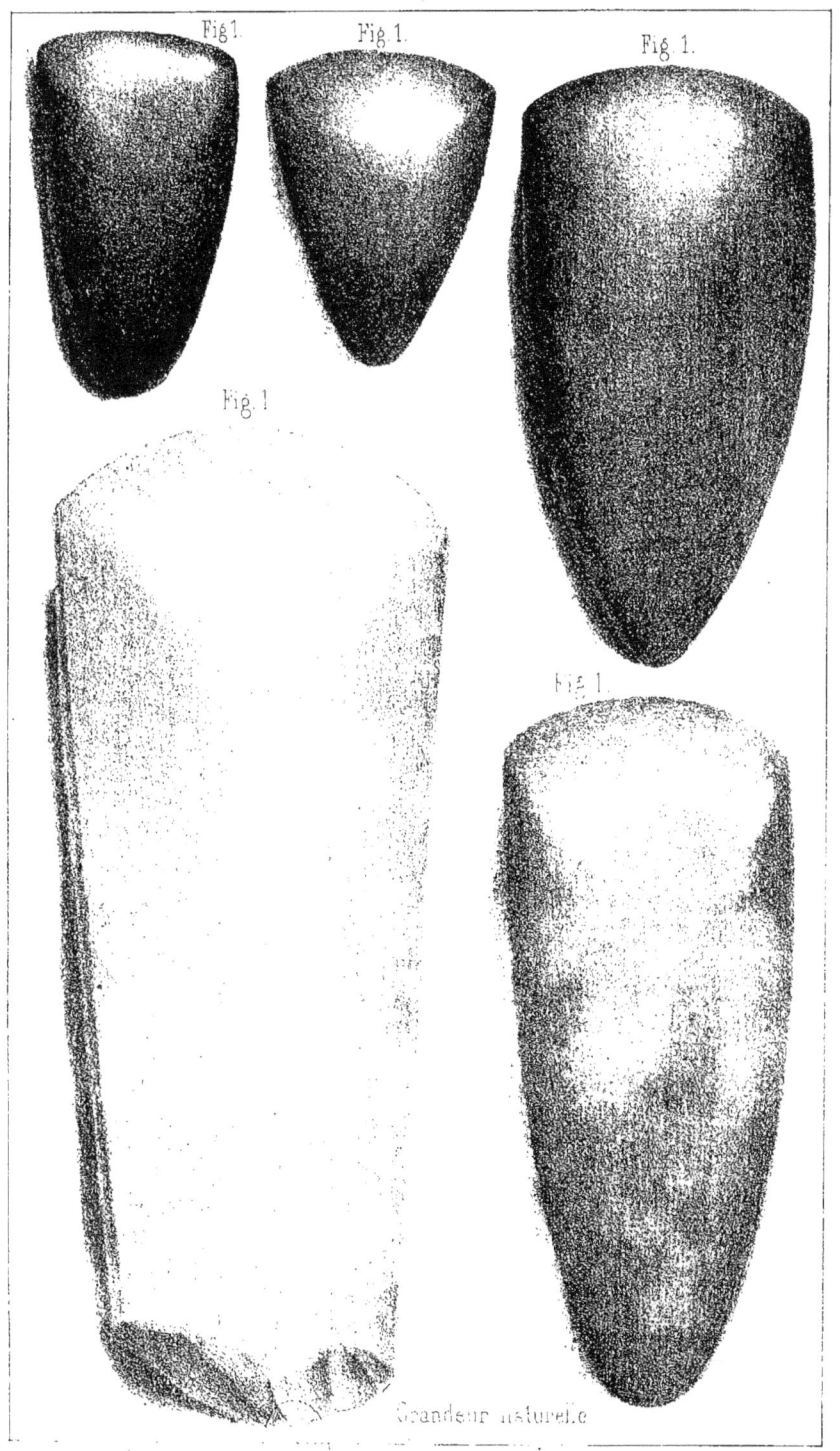

Fig.1. Fig.1. Fig.1. Fig.1. Fig.1.

Grandeur naturelle

Périgueux, Lithographie Dupont & Cie

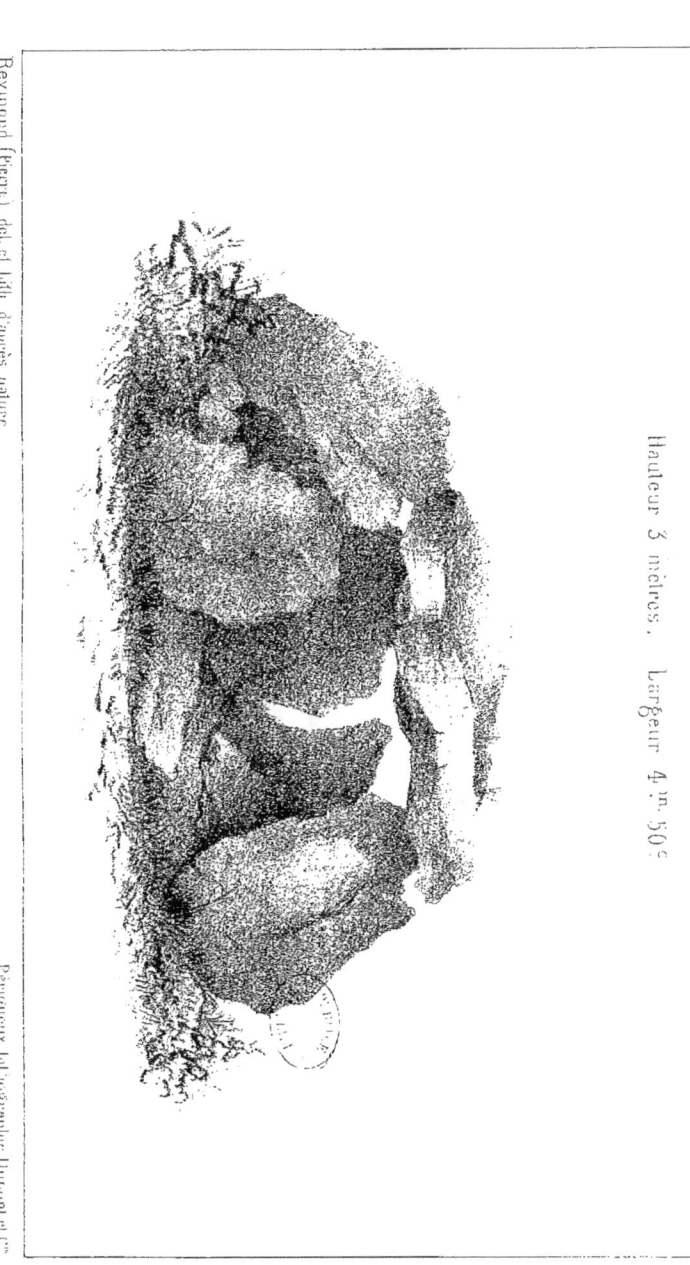

Hauteur 3 mètres. Largeur 4.m 50.c

DOLMEN du BLANC,
près Beaumont-du-Périgord.

Reymond (Pierre), del. et lith. d'après nature.

Périgueux, lithographie Dupont et C.ie

Planche 6ème

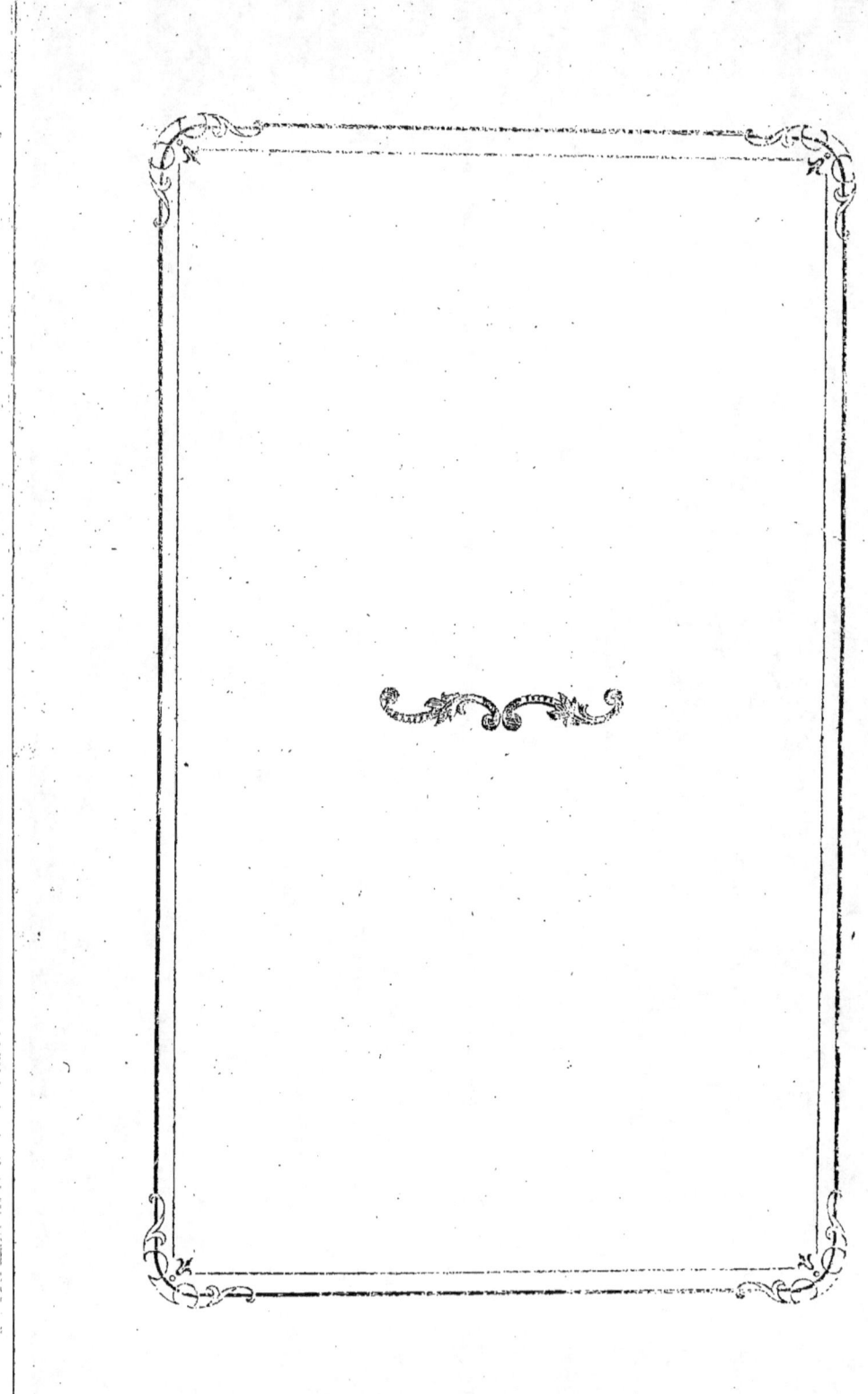

www.ingramcontent.com/pod-product-compliance
Lightning Source LLC
Chambersburg PA
CBHW070313230526
45470CB00002B/860